임마누엘 성령님이 이끄는 삶

백 강 선 지음

복음은 성령님과의 삶이다.
그리스도인 모두가 주님과 교제하며
주님의 인격으로 다듬어져서 성령님의
인도를 받아 성령님의 능력과 나타나심으로
복음을 전해야 되지 않겠는가?
주님은 우리 모두를 사랑하며
교제하기를 원하신다.

엘맨

머리글

교회 열심히 다니면 천국가고 이 땅에서도 복을 받아 잘 살수 있다는 말을 듣고 나도 복 받기 위해 열심히 봉사하며 교회를 다녔습니다.

열심히 교회에 출석하며, 봉사했지만, 영의 세계에 대하여 관심이 없었습니다.

어릴 때부터 부모의 사랑을 받지 못한 나는 외롭고 고독하게 살면서 하늘에 계신 하나님을 생각하면서 기도를 드렸습니다.

"하나님 아버지는 나의 기도를 들으시는지 안 들으시는지 정말 나를 사랑하시는지"

목사님이 설교를 하실 때 '우리를 사랑하시는 하나님' 이시라고 하니까 하나님이 나를 사랑하시는가 보다라고 막연히 생각했습니다.

막연하지만 나도 하나님의 사랑을 믿고, 하나님이 좋다고 스스로 어렴풋이 생각하면서, 문제가 생길 때마다 이 말씀을 생각했습니다.

"구하라!"

이 말씀을 붙잡고 금식하며 부르짖고 응답 받기 위하여 철야기도를 하며 부르짖었습니다. 나름대로 열심히, 최선을 다하면서 교회에 다녔습니다.

내 마음속에는 여전히 미움과 불평과 원망과 한으로 가득 차 있었습니다.

그래도 교회에서는 경건한 척, 믿음이 좋은 척, 다른 성도들이 보기에는 아주 모범적인 사람으로 위선을 떨며 살았습니다.

내 몸은 내 몸이 아닌 예수님의 피 값으로 사신 주님의 몸인데 내 몸으로 알고 신앙생활도 내 의도대로 살다가 실패하는, 대표적인 실패한 그리스도인이 저였습니다. 하나님 아버지를 나와는 동떨어진 멀리 하늘에 계신 하나님으로만 알고 밖에서만 찾다가 실패하고, 좌절하고, 고통만 받게 되었습니다.

그러나 하나님 아버지는 지금 성령으로 내 안에 와 계시면서 나를 돌보아 주십니다.

내 안에서 나를 돌보아 주시는 성령님을 구하고 찾아서 만나야 됩니다.

영분별을 할 줄 몰라 귀신한테 끌려 다녔었고, 천사의 영에도 사로잡혀 율법에 얽매여 살기도 했습니다.

이제는 성령님의 인도를 받아 성령님의 음성을 들으며 변화된 삶을 살아 나의 삶속에서 성령의 열매가 맺어가고 있습니다.

성령님은 "나는 너의 상담자이다."

"나는 너의 보호자이다."

"나는 너의 능력자이다."

"나는 너의 구원자이다."

"나는 너의 치료자이다."

이렇게 말씀하시는 성령님의 음성을 듣습니다.

내 안에 계신 성령님께 상담을 하고 의지 할 때마다 나를 돌보아 주십니다.

믿음의 모든 사람들이 "믿음의 주요 온전케 하시는 예수를 바라보자"(히12:2)라는 말씀을 따라 예수를 바라봄으로 저 하늘나라에서 뿐 아니라 성도들 개인의 삶에서와 이 땅에서도 하나님 나라를 이루어 진정 행복한 삶을 살 수 있기를 바라는 마음에서 이 글을 씁니다.

Contents

제1부
나의 성장기와 가정

1. 유년의 아픔 속에서도

어머니가 나를 임신하시고, 만삭이 되었을 때, 아버지는 어머니에게 "친정에 가서 해산하고 몸조리하고 있으면 데리러 갈께."라고 말씀을 하셔서 어머니는 아버지의 말씀대로 외가로 나를 출산하러 가셨다.

그 사이에 6.25사변이 터졌다.

그렇게 만삭이 되어 나를 출산하기 위해 외가로 가신 어머니는 나를 출산하기도 전에 6.25사변이 터져 산속으로 피신하여 어머니는 굴속에서 나를 낳으셨다고 했다. 나는 그렇게 태어났다.

피난길에서 외가로 돌아온 어머니는 약속대로 아버지가 데리러 오기만 기다렸다. 아버지가 오시기를 기다려도 아버지는 소식이 없으셨다. 어느 날, 외할머니께서 꿈을 꾸셨다. 할머니는 어머니에게 "어제 밤 꿈에 그 사람이 사모관대를 쓰고 새장가를 가더라. 꿈

이 어찌나 생생한지, 나 혼자만 생각하고 말 수가 없구나!"라고 말씀하셨다.

외할머니는 꿈이 예사롭지 않다고 하시며, 어머니 등에 나를 업혀, 떠밀듯이 어머니를 집으로 가라고 보내셨다. 백리나 되는 먼 길을 걸어 집에 도착해 보니 바로 그날이 정말 외할머니의 꿈대로 아버지가 새장가를 드는 날이었다.

정말 청천벽력 같은 놀라운 일이 어머니 눈앞에서 벌어졌던 것이었다. 등에 나를 업고 나타난 어머니에게 아버지는 오히려 화를 심하게 내시며 냉정하게 돌아섰다. 어머니는 흐르는 눈물을 삼키며 혹시나 하는 마음에 큰 아버지 집에서 밥을 해주며 몇 달을 지내셨다.

그러나 돌변한 아버지의 마음은 조금도 돌아설 기미가 보이지 않았다. 아버지의 마음이 돌아서지 않자 어머니는 체념하고 돌아 설 수밖에 없어 다시 친정으로 돌아오시게 되었다.

그때 어머니 나이 20살이었다.

꽃다운 미모의 어머니에게 동네 사람들은 "저렇게 예쁘고 젊은 사람이 뭐가 걱정이야? 더 좋은 사람 만나 보란 듯이 잘 살아봐!"라며 격려하셨다.

결국 자의 반 타의 반으로 어머니는 재혼을 결심하게 되었다.

어린 나는 내 의도와는 상관없이 부모님은 살아 계시는 데도 고아가 되어 외조부모님과 함께 살게 되었다. 그래도 나는 외가에서 사랑스럽게 커갔다.

초등학교 1학년 때 동네 천주교회에 나갔다. 스스로 찾아 갔다.

나의 사정을 아신 신부님은 특별한 애정으로 나를 사랑해 주셨다. 오토바이 뒤에 나를 태우고 학교 운동장도 돌아 주시고 신부님 서재에서 마음껏 놀아 주셨다. 신부님의 사랑이 강물처럼 흘러 넘쳤다.

신부님은 나에게 말씀 하시곤 했다.

"선이야! 너는 부모님도 안계시니 이다음에 등불이 될 수 있는 수녀가 되었으면 좋겠다."

신부님 말씀대로 "나는 수녀가 되어야지."하는 마음을 갖고 더 열심히 천주교회를 다녔다.

영세를 받아야 된다고 하셔서 교리문답도 배우게 되었다.

"사람이 무엇을 위하여 세상에 태어났느뇨?"

"천지를 지으신 여호와에게 서로입니다."

오십이 넘은 지금도 그때 배운 교리문답이 뇌리에 스친다.

이처럼 초등학교 5학년까지 나는 꽤 밝고 명랑한 아이였다.

재혼을 한 어머니는 가끔 친정에 오셨다.

나보다 세살 많은 외삼촌이 어머니께 누님이라고 부르면 나도 어머니를 누님이라고 불렀다고 했다.

잘 살아 보겠다고 나를 두고 간 어머니는 그러나 4년 만에 이혼을 하게 되었고, 또다시 재혼을 하셨다.

그러던 어느 날, 학교에서 돌아왔는데 외할머니께서 슬피 울면서 말씀 하셨다.

"이제 너는 어머니 따라가서 살아야 한다."

외할머니는 밤이 새도록 울면서, "불쌍한 내 새끼! 불쌍한 내 새끼! 어서 커서 에미 웬수 꼭 갚아라!"라고 하셨다.

그토록 아껴주시던 신부님과는 작별인사도 못하고 헤어졌다.

그렇게 해서 어린 나는 어머니가 두 번째 재혼한 새 아버지랑 한집에서 살게 되었다.

내 성과 이름도 바뀌었다.

어머니라는 단어도 나에겐 생소했다.

그런데 더욱 어려운 것은 아버지라고 부르는 것이었다.

내성적인 성격에 나는 자꾸 마음이 움츠려 들어 아버지란 말이 선뜻 나오지 않았다.

어머니는 아버지라고 부르지 않는다며 나에게 매까지 드셨다.

낯설고 외롭고 서러워 많이 울었다.

모든 것들이 싫었다.

화를 내는 어머니가 무서웠고 어머니 집으로 나를 보낸 외할머니까지 원망스러웠다.

새 아버지는 금광업을 하셨는데 외가의 전 재산을 가져다 한 순간에 다 날려 버렸고, 갚을 길은 없고, 염치도 없어서 나를 데리고 간 것이라고 외할머니께서 말씀하셨다.

방학 때 외가에 가면 동네 아이들이 "너는 왜 성과 이름이 바뀌었니? 너의 아버지 친아버지 아니지?"라며 놀려댔다.

나는 기가 죽고 죄인이 되어 몸 둘 바를 몰랐고 쥐구멍이라도 있으면 들어가고 싶은 심정이었다.

이런 상처를 받을 때마다 부모에 대한 원망의 싹이 커져갔다.

어머니 식구들과 1년을 살다가 나는 큰 삼촌댁에 맡겨졌다.

2. 친아버지

중학교에 들어간 나는 특별활동 시간에 기계체조부에 들어갔다. 체육선생님의 강훈련을 받으면서 매일 연습을 해야만 했다. 같이 연습하는 친구 중에 감리교회 목사님의 딸이 있었다.

학교에서 연습이 끝난 후, 같이 교회에 가서도 연습을 했다.

나는 자연스럽게 감리교인이 되었다.

크리스마스 때 새벽 송을 돌며 밤을 새우고 이튿날 과자파티를 하면서 즐거워했던 기억도 났다.

중학교를 졸업하게 될 무렵 어느 날 어머니가 큰 삼촌댁에 있는 나를 찾아 오셨다.

"선이야, 너 친아버지 만나보고 싶지 않니?"라고 물으셨다.

한 번도 뵌 적이 없는 아버지, 내 가슴에는 아버지라는 존재가 없었기 때문에 나는 아무런 반응을 보이지 않았다. 하지만 어머니는 내 손을 이끌고 어느 여관방으로 들어가셨다.

방에는 단정하게 양복을 입은 신사 한분이 앉아 계셨다.

어머니는 나의 아버지라고 소개하셨다.

아버지는 당황해 하시면서, "선이야! 내가 죽을 죄인이다. 너한테 너무 못할 짓을 저질렀구나. 내가 잘못했다."

무릎을 꿇고 어린 자식 앞에 용서를 빌며 고개를 떨구시던 아버지는 말씀을 이어갔다.

"네 어머니와 헤어질 당시 26세 밖에 안 되어 철이 없어서 너한테 못 할 짓을 했다."며 울먹였다.

나에게는 그 모든 말이 변명으로 들렸고, 의미 없게 느껴졌다.

"네가 4살 때 너를 한번 찾아갔는데, 외할아버지의 불호령으로 마당에 들어서지도 못하고 돌아왔었다. 정말, 미안하구나."

나를 겨우 중학교를 졸업시킨 어머니는 고등학교에 보낼 형편이 못되자 친아버지를 찾아 갔었나보다.

친아버지는 별정우체국장으로 계셨다.

그날 만난 친아버지의 도움으로 별 어려움 없이 고등학교에 진학하게 되었다.

학교에서 성적표를 두 장씩 받아, 한 장은 친아버지 성으로, 한 장은 새 아버지 성으로 받아 전하곤 했다.

하루는 친아버지께서 학교로 전화를 하셨는데 담임선생님과 통화 중에 내 성이 새 아버지 성으로 바뀐 것을 알게 되셨다.

그리고는 나에게 전화하셔서 의논할 것이 있으니 다녀가라고 하셨다.

아버지는 어머니에 대하여 낱낱이 물어 오셨다.

나는 어머니가 새 아버지와 재혼한 사실을 숨기고 삯바느질로 둘이 생활하며 살고 있다고 거짓말 한 것도 모르고 사실대로 다 말씀을 드렸다.

내가 아버지를 만나고 있는 것을 어떻게 아시고, 어머니는 자식을 빼앗길 것 같은 불안한 마음 때문이었는지 아버지 집에 오셨다.

나를 빼앗기게 되었다는 위기감 때문이었는지 어머니는 나에게 선택하라고 말씀하셨다.

"선이야, 아버지와 나 둘 중에 하나를 선택해라! 나는 너 없이는 못 산다. 하지만 네가 네 아버지를 선택하면 어느 한쪽은 인연을 끊어야 한다."

나는 한참을 망설였다.

선택한다고 선택이 될 수 없는 상황이었지만 그때로서는 아주 심각한 상황이었다.

결국엔 외할머니의 사랑 때문에 어머니 쪽을 택하고 말았다.

고2 때까지는 아버지의 도움으로 공부하는데 불편이 없었지만, 아버지와의 인연이 끊어지면서 학비가 없어 매일 교무실에 불려 다니게 되었다.

어렵게, 어렵게 졸업을 하게 되었다. 더 이상 학업을 계속하기 어려운 형편이었는데 간신히 이모부의 도움을 받아 졸업하게 되었다. 고마우신 분들이다.

3. 취직과 결혼

나는 고등학교 졸업 후 중소기업 경리과에 취직이 되었다. 이모 집

에서 기숙을 하면서 직장생활을 하고 있었는데, 어머니가 서울로 이
사를 오시게 되었다. 원치 않게 또 다시 어머니 가족들과 함께 살게
되었다.

  직장에 가면 동료들의 얼굴은 밝고 행복해 보였는데, 나는 인생의
무거운 짐은 나 혼자 짊어진 것 같았고, 이 세상에서 내가 가장 불행
한 사람으로 느껴졌다. 나의 내면세계 뿐 만 아니라 나의 얼굴표정에
도 그랬다.
  이복동생 두 명까지 다섯 식구의 생계를 내가 책임져야만했다.
  한 가정의 가장 이라는 족쇄가 나에게 채워졌다.
  가끔은 말단직원인 나에게 어머니는 가불까지 부탁하실 때가 있었
다.
  힘겹고, 벅차고, 열악한 현실을 벗어나고 싶었다.
  백마 탄 왕자가 어디선가 나타나서 나를 데리고 멀리멀리 떠나갔
으면 하는 상상도 해 보았다.

  23세가 되었다. 중매가 들어왔다.
  나의 결혼조건은 사랑도 아니다. 그냥 편안하게 살 수 있는 안정된
생활이면 충분했다. 더 이상을 원하는 것은 없었다. 현실에서 벗어날
수 있는 길이 열리기만을 바랐다.
  지금의 남편을 만났다.
  나이 차이는 났지만 내가 어려운 현실에서 벗어날 수 있는 기회인

것 같았다. 그리고 그 사람은 이상형인 것 같았다. 결혼하기로 마음을 정했다.

남편 될 사람은 결혼 전에 한 가지 부탁이 있다고 했다.

"어머니가 나에게 소금가마를 등에 지고 물속에 들어가라면 나는 소금이 녹아 없어지는 것을 알면서도 무조건 순종해야 되는 것이 나의 도리라고 생각해, 나의 생각에 따라주길 바래."라고 부탁하면서, 며느리로서 내가 어떻게 해야 되는 지를 말해주는 것이었다.

남편은 9살 때쯤부터 밖에서 놀다가 배가 너무 고파 부엌으로 들어가서 밥이 딱 한 그릇 밖에 없는 것을 보면, 어머니 드시라고 물로 배를 채우곤 했다는 것이었다.

어머니를 공경하는 남편의 착한 마음에 반했다.

남편가족들은 이북에서 숙청당해 월남했으며, 아버지는 안계시고 이름난 효자가문이었다.

신혼살림을 차리고 1개월이 지나자, 온몸에 힘이 빠지면서 쇳덩어리를 달아 놓은 것 같이 몸이 무거웠다. 병원과 한의원을 두루 다녀 보았지만, 원인이 밝혀지지 않았고 갈수록 몸은 쇠약해져 갔다.

결혼해서는 지난세월의 아픔들을 물거품같이 여기고 잘 살아 보려고 했건만 점점 약해져 가는 내 몸 때문에 고통스러웠다.

하루는 시장에 가려고 집을 나서는데 잔잔하게 울려 퍼지는 교회 차임벨소리가 내 귓가에 울렸다.

‘그래 맞아!’

‘하나님의 딸이 되겠다고 맹세한 내가 지금 무엇을 위해 살고 있는 가?’

‘아! 육신의 고통을 통하여 하나님이 나를 부르시는구나!’ 하는 깨달음이 왔다.

나는 남편에게 용기를 내어 말했다.

“나 교회에 나가야겠어요.”

남편은 종교가 없었지만, 시어머니께서는 불교를 믿고 계셨다.

“어머니 살아생전에는 허락 할 수 없어!”

심지어 교회 다니는 것을 포기하지 못하면 이혼 할 수밖에 없다고 했다.

다른 모든 것은 내 뜻대로 해도 괜찮지만 종교문제 만큼은 시어머니 뜻에 따라야 된다고 했다.

시어머니는 내가 모시지 않았지만 자주 오셨다.

시어머니에게 허락을 받고 싶어 교회에 다니겠다고 말씀드렸다.

“우리집안은 특히 조상 대대로 불심이 강해서 네가 예수 믿으면 제명대로 못살고 젊어서 죽는다.”

시어머니로부터 돌아온 대답이었다.

나는 무서웠다.

남편도 남편이지만 시어머니의 완고한 신앙고집도 대단하셨다.

“내 몸이 천근만근 무거운 것은 영적으로 눌려서 그런 것이 아닌가?”

“내 명대로 살려면 내가 교회에 나가야되겠다.”는 생각이 나를 지배했다.

부부가 성경을 들고 나란히 교회에 가는 것을 보면 얼마나 부러웠던지 그 뒷모습이 사라질 때까지 한없이 쳐다보곤 했다.

결혼하기 전에 나 스스로에게 맹세한 두 가지가 있었다.

“첫째는 자식을 낳고 불행하게도 남편이 일찍 죽고, 내가 혼자가 될지라도, 나는 내 행복을 찾아 재혼해서 자식들에게 상처주지 않으리라!”

“둘째는 나에게는 이혼은 없다.”

나는 시간을 두고 남편과 시어머니를 설득해 보기로 마음먹었다.

남편 월급날이 어머니의 월급날이었다.

나는 시어머니가 홀로 자식들을 키우며 희생하셨기에 잘 해드리려고 했다.

아들 돌날이었다.

음식준비를 해 놓고 밤이 늦도록 기다려도 남편은 오질 않았다.

“혹시 무슨 사고라도 났을까?”

“다른 날도 아니고 아들 돌인데 ”

밤을 꼬박 새우며 남편을 기다렸다.

불길한 생각이 들었다.

이튿날 오후 4시가 지나서야 초췌한 몰골로 들어왔다.

남편은 집에 들어오면서 말했다.

"집에 오다가 소매치기를 당했어."

사고 없이 집에 돌아온 것만으로도 다행으로 생각하며 기뻐하였는데 시어머니께서 남편을 향하여 말씀하셨다.

"난 네가 왜 이제야 들어오는지 다 안다!"

"다 속여도 나는 못 속인다! 밤새도록 화투놀이 하다가 돈 다 잃고 온 거지?"

나는 깜짝 놀랐다. 남편의 거짓말에 화가 났다.

"총각 때부터 좋아하더니 그 버릇 못 버리는구나!"

시어머니가 호통을 치셨다.

그날 이후로 남편의 외박은 잦았다.

들통이 나자 이젠 중독된 사람처럼 밤새울 때가 많고 늦게 들어오는 날이 많아졌다.

"참으로 신실하고 착실한 사람인데 이런 버릇이 있었구나!"

나는 밤마다 불안했다.

아들 돌이 지나면서 내 몸은 점점 쇠약해져 갔다.

한의사 선생님이 맥을 짚어보면 20대인 내 맥이 칠팔십 노인의 맥이란다.

"너무 약해서 원!"

한의사 선생님이 걱정을 했다.

"성장기에 못 먹어서 영양실조, 마음고생 "

이런 것들이 한꺼번에 표출된 것이라고 했다.

부모에 대한 원망스러운 마음이 몰려왔다.

쓰러져가는 몸을 이끌고 친아버지께 갔다.

병든 내 모습을 보고 당황해 하셨다.

"어쩌다 이렇게 됐냐?"

나는 마음속에 맺힌 한을 쏟아내면서 울었다.

아버지는 고개를 떨어뜨리실 뿐 그냥 침묵하셨다.

시어머니는 해마다 정월이 되면 거실과 안방 문 위에 부적과 절에서 가지고 온 달력을 붙여 놓으셨다.

그리고 이사할 때마다 보살을 데리고 와 떡시루에 북어를 올려놓고 절을 하셨다.

한번은 올해 남편의 운세가 죽을 운이라 하시면서 호랑이 뼈(?)를 배게 속에 넣으셨다.

남편의 운세, 가정의 평화, 시어머니는 이러 저러한 이유를 가지고 나에게 절에 가자고 요구하셨다. 그런 상황에서는 거절할 수 없어서 시어머니의 요구로 절에 가본적도 있다.

나는 결혼 5년 동안 두 아이의 엄마가 됐다.

끈질긴 설득으로 결혼 5년이 지나서야 남편으로부터 교회 나가는 것을 승낙 받았다.

남편은 시어머니가 오시는 날이면, 떼어 놓았던 절 달력을 걸어놓았다.

어느 날, 큰집에 제사 지내러 아이들과 같이 갔는데 시어머니께서 아이들에게 절을 하라고 하셨다.

"할머니, 나 교회 다녀서 절하면 안 돼!"

"안 할 거 야!"

결국 아이들 때문에 교회 다니는 것이 들통 나고 말았다.

시아주버니가 남편에게 아내 단속 잘하라고 호통을 치셨다.

그럼에도 불구하고 나는 아이들과 같이 교회에 열심히 다니면서 봉사도 했다.

교회에 나가면 내 병이 나을 거라고 장담했었는데 조금도 차도는 없었다.

그때 나는 30대 초반이었다.

밥을 지으려고 쌀을 꺼내려는 순간 뚝 하는 소리와 함께 허리가 꼼짝 할 수 없을 정도로 아팠다. 진찰결과 4,5번 뼈가 탈골되었다고 했다. 교정도 받고, 물리치료도 몇 개월이나 받아보았지만, 아무런 차도는 보이지 않았다. 화장실 갈 때는 두 손과 두 무릎을 꿇고 기어 다녔다. 통증이 심해 자리에 눕게 되자, 신경쇠약과 위 무력증까지 겹쳐 식사도 할 수 없게 되었다. 아이들 뒷바라지 하면서 출근하는 남편에게 면

목이 없었다. 남편이 고생하는 모습이 미안하고 안쓰러웠다. 내 자신이 너무 초라해 눈물만 솟구쳤다.

“하나님 아버지! 살아계신다면 내 병 좀 고쳐주세요!”

나는 간절한 마음으로 기도했다.

그러나 응답이 없었다.

그러던 어느 날 전도사님이 심방을 오셨다.

초라하게 누워있는 내 모습이 불쌍해 보였던지 울면서 간절히 기도를 하셨다.

“이미 응답받았으니 기도원에 함께 가보지요!”

전도사님은 기도원에 함께 가자고 권유하셨다.

“몸이 약하니까 3일만 금식하세요!”

전도사님과 함께 기도원에 갔다.

둘째 날 숨 쉴 기운도 없고 말할 기운도 없이 죽을 것만 같았다.

3일 금식도 이렇게 힘든데 주위에 기도하는 암 환자 분들은 열흘이 넘었다고 하셨다.

‘얼마나 힘드실까?’

너무 불쌍했다.

내 병은 아무것도 아니었다.

나는 6일 동안 장기 금식하는 분들을 위해 중보기도만 했다.

내가 하산하는 날까지 허리통증의 차도는 전혀 없어 남편 대할 것이 걱정이 됐다.

그래도 전도사님은 위로의 말을 해주셨다.

"집에 가면 나을 겁니다."

위로해 주려고 하시는 말 같이 들렸다.

"전도사님, 은혜 많이 받은 걸로 족해요."

집에 도착했을 때, 남편은 반갑게 맞이해주었다.

남편도 몹시 궁금했던 모양이다.

"어떻게 됐어? 고쳤어?"

남편을 실망시키고 싶지 않았다.

"많이 좋아 졌어요."

그러나 거실에서 잠시 대화를 하는 동안에도 통증 때문에 서있기도 힘들었다. 여름철이라 6일 동안 씻지 못해서 일단 욕실에 들어갔다.

그런데 어찌 된 일인가?

머리를 감기 위해 허리를 구부리는데 전혀 통증이 없었다.

너무 기뻤다.

샤워를 끝내고 나왔는데 내 속에서 이런 음성이 들리는 것 같았다.

"기도하라!"

"기도하라!"

이런 마음이 강하게 다가왔다.

무릎을 꿇고 주님을 부르는데 강한 임재를 느꼈다.

주님이 말씀하셨다.

"내가 네 병을 고쳐 주었으니 의심하지 말고 믿어라! 네가 병원에 가려고 준비해 놓은 10만원으로 하나님 아버지께 감사해라!"

예수 믿고 처음으로 내 속에서 말씀하시는 주님의 음성을 들었다.

너무 놀랐다.

기도원에 가기전날 남편이 10만원을 봉투에 넣으면서 말했었다.

"이 돈은 병원비야. 기도 많이 하고 오면 의사선생님의 손길을 통해서 고쳐 주실 거야!"

그렇게 받은 10만원은 따로 보관해 두었었다.

주님은 금액까지 알고 계셨다.

나는 기뻐서 뛰어보고, 걸어보고, 구부려보고, 펴보았다.

아무리 이리저리 움직여 봐도 통증이 없었다.

주일 예배시간에 전도사님과 같이 특송을 하고, 간증도 하면서 하나님께 영광을 돌렸다. 체험을 한 이후부터 목사님이 맡기시는 일은 내 사명인 줄 알고 힘을 다 해 순종하는 삶을 살려했다.

첫 체험이후 모든 예배 참석과 봉사가 나의 생활 전부였다.

3년쯤 지난 어느 날 이었다.

오목 가슴에 주먹만 한 덩어리가 잡혔다. 음식을 먹지 않아도 배가 전혀 고프지 않고 더부룩하고 답답하며 소화가 되지 않았다.

거의 열흘 동안 물만 마셨다.

병원치료도 도움이 안 되었다.

잘 믿어 보려고 그렇게 노력했는데, 왜 이렇게 몸으로 고통을 받게 되는지 이해가 되지 않았다.

'다른 사람들은 아무 일도 없어 보이는데, 왜 나만 이런 고통을 받는가?'

나는 몹시 괴로웠다. 할 수 있는 모든 방법을 다 해보아도 차도가 없었다. 옆에서 지켜보던 남편이 안쓰러웠는지 조심스럽게 한마디를 했다.

"당신이 믿는 하나님 또 한 번 찾아봐. 이번에도 고쳐 주실 거야!"

예수 믿지 않는 남편의 말에 충격을 받고 아침과 저녁에 시간을 정해놓고 일주일동안 작정기도를 했다. 그래도 응답해 주시지 않으면 금식 해야겠다고 다짐을 했다.

첫날, 병 고쳐 달라고 기도하고 싶은데 내 속에선 영으로 찬양이 2시간 이상 나왔다. 전도사님이 심방을 오셨다. 너무 너무 반가웠다.

나는 전도사님에게 영으로 찬양을 하고 있는 이유를 물어 보았다.

"이제 병 고침을 받았어요. 이제 하나님 아버지께 영광을 돌리는 것입니다."

전도사님의 말씀을 듣고 감사를 했다.

그러나 증세는 그대로였고, 조금도 차도가 없었다.

저녁기도회도 2시간 이상을 영으로 찬양을 하고 돌아왔다.

여름철이라 과일이 먹고 싶어 주방에서 쟁반을 꺼내는 순간 위장에서 강한 진동이 오면서 속에서 깊은 트림이 나오더니 주먹만 한 덩어리가 없어졌다.

　자리에 누워 고맙고 감사해서 눈물을 흘리다가 잠이 들었다.

　새벽 3시쯤 되어서 더부룩하던 배가 편안해 지면서 배고픈 것을 느끼게 되었다.

　치유의 손길을 주신 주님께 감사했다.

4.　남편이 주님의 품으로 돌아오다

　어느 날이었다.

　갑자기 나는 앉아있는지 서 있는지 조차도 모를 정도로 정신이 혼미해졌다.

　의사선생님이 소리치는 것이 어렴풋이 들렸다.

　"아주머니 정신 차리세요!"

　"혈압을 재도 숫자가 하나도 안 올라갑니다."

　죽은 사람이나 혈압이 안 올라가지 산사람이 혈압이 올라가지 않는다고 의아해 했다.

　의사선생님은 산송장이라고 생각했던 모양이다.

　그렇게 난리를 치다가 겨우 정신은 들었지만 내 병의 원인은 알지 못한 채 약만 받아 집으로 돌아왔다.

　나는 나의 죽음이 임박한 것 같아서 남편에게 말했다.

"내가 죽기 전에 한 가지 소원이 있어요. 나하고 딱 한번만 교회에 같이 가요!"

아내의 마지막 소원이라는 말에 뿌리칠 수 없었던지 4월 첫 주에 한번만 가주기로 약속을 했다.

그동안 나는 남편의 영혼을 위해 8년 동안 울면서 기도했었다.

한번 교회에 앉혀놓으면 하나님께서 책임지실 것 같은 생각이 들었다. 한번만 가주겠다고 약속했던 남편은 그 뒤로 예배시간마다 빠지지 않고 참석해주었다.

나의 기도를 들어주신 하나님께 감사할 따름이었다.

결혼기념으로 남편과 함께 오산리금식기도원에 가게 되었다.

남편은 그곳에서 스스로 끊을 수 없었던 담배를 성령님께서 끊을 수 있게 해 주었다고 고백했다.

그때부터 남편은 하나님이 어떤 분이신지 알고 싶었다면서 틈틈이 성경을 가까이 하기 시작했다.

남편이 세례 받던 바로 그 전날이었다.

남편은 일찍 퇴근을 하고 교회에 가서 기도했다고 했다.

"하나님 자녀가 된 것에 너무 감사해서 눈물을 흘렸어."

이 말을 들었을 때 나는 너무 감격이 되었다.

총각 때부터 결혼 18년이 지나도록 화투놀이는 계속되었었다.

성령의 도우심으로 그것도 과감하게 끊는 결단성을 보여주었다.

5. 폭풍우 속에서

제왕절개로 딸을 낳았다.

수술 후 회복이 늦어 고통스러웠다.

나는 이렇게 기도했다.

"주님, 이제 내 평생에 다시는 수술 받을 일 없도록 해 주세요."라
고 기도했다.

그것은 나의 기도제목이 되었다.

얼마 후, 또 하혈이 심해 병원에 가서 진찰을 했다.

"자궁근종입니다. 수술을 해야겠습니다."

교회 잘 다니면 건강하게 산다고 하던데 나는 왜 자꾸 몸으로 고통
을 받는지 알 수가 없었다.

목사님께 칭찬받으면서 봉사에 열심이었던 나는 이해가 되지 않았
다.

나는 허약한 몸 때문에 고통스러웠다.

다시 수술의 두려움과 죽음의 공포 속에서 수술을 받게 되었다.

수술 후에는 신경쇠약과 불면증으로 괴로워하며 나날을 보냈다.

그런데 고통은 거기에서 그치지 않았다.

아들과 딸까지도 수술을 받게 되었다.

한 달 사이에 3명이 수술을 받은 것이었다.

남편은 태풍이 몰아치는 것 같아 정신을 차릴 수가 없었다고 했다.

'조상대대로 우상 섬기던 가정이여서인가?

터가 센 집 때문인가?

옆집에 사는 집사님 가정은 가끔 교회에 나가는데도 평안한 것 같은데,

잘 믿어보려고 교회와 집밖에 모르던 우리 가정은 환란만 닥쳐오는지?'

그때 "너는 악인의 형통을 부러워하지 말며 그와 함께 있기도 원하지 말지어다."(잠24:1)라는 말씀이 큰 위로가 되었다.

나에게 가장 견딜 수 없이 고통스러운 것은 불면증이었다.

수면제를 복용해도 10분도 못 잤다.

하루가 지옥 같았다.

'이대로 죽어서 나에게는 내일이 없었으면 좋겠다.'

나는 이런 생각을 반복했다.

그 고통의 순간에 성령이 충만하시다는 목사님을 소개받았다.

밤마다 철야예배가 있는 교회였다.

그 교회에 갔다.

"오늘은 귀신을 쫓아야겠습니다."

'귀신' 소리를 듣는 순간 가슴이 두근두근 거렸다.

목사님이 귀신을 쫓아내는 순간 나는 뒤로 넘어지면서 몸속에서

큰 얼음덩어리가 팔과 다리로 빠져 나가는 것을 경험했다.

그 얼음덩어리가 빠져나간 자리에 곧 따뜻한 체온이 감돌았다. 하나님의 자녀에게는 귀신이 틈타지 않는 줄 알았다.

귀신이 나가는 것을 경험한 그 날부터 잠을 조금씩 잘 수가 있었다.

남편은 나보고 종합병원이라고 했다.

어디서부터 치료를 받아야 될지 모르겠단다.

또 은사가 충만하시다는 권사님을 소개 받았다.

나같이 연약한 사람을 세워주라고 은사를 주신 것 같은 느낌이 들었다.

그 권사님을 만나기를 사모했다.

일주일 동안 가정예배 드리면 치유된다고 하셔서 그대로 순종했다.

그 권사님은 일주일째 되는 날 이렇게 말했다.

"집사님이 하는 말이 나의 심령을 더럽힙니다. 스스로 하나님을 찾아보세요!"

그분은 짜증스런 말을 남기고 가버렸다.

병든 몸으로 일주일동안 마음과 물질로 정성껏 섬겼는데.

"내 심령을 더럽힙니다."라는 말을 하다니, 울분이 터져 나왔다.

"하나님 있으면 나와 봐요!"

거실에서 나는 미친 여자가 되어 뒹굴면서 권사님이 믿는 하나님은 어떤 분이고 내가 믿는 하나님은 어떤 분이냐며 따지듯이 소리치며 몇 시간을 울었다.

나의 하나님은 침묵만 하고 계셨다.

다시는 은사가 있다는 사람들을 의지하지 말아야겠다고 맹세했다.

그리고 한편으로는 만약 내가 사역자가 된다면 절대 물질을 떠나 생명을 살리는 사역자가 되어야겠다고 생각했다.

6. 당신은 거듭났습니까?

앞집에 사시는 권사님이 오셨다.

"성경에 물과 성령으로 거듭나지 않으면 천국에 갈 수 없다고 기록되어 있는데 당신은 거듭났습니까? 지금 죽어도 천국에 갈 확신이 있습니까?"

권사님의 갑작스런 질문에 대답을 하지 못했다.

"집사님 확신 있게 대답하지 못하는 것 보니 당신은 거듭나지 않았습니다."라고 말씀하셨다.

그 질문을 받고 나는 어떻게 해야 물과 성령으로 거듭나서 천국에 갈 수 있을지 고민하다가 담임목사님 심방을 요청했다.

"목사님, 저도 거듭나게 해 주세요!"

나에게는 엄청난 의문이자 요청이었다.

목사님은 웃으시면서 말씀하셨다.

"집사님은 이미 거듭났지요."

내 자신은 거듭난 확신도 없는데 거듭났다고 하셨다.

앞집 권사님의 소개로 선교사에게 복음을 듣게 되었다.

예수 십자가의 죽으심이 내 죄 때문 이라는 것을 깨닫게 되면서 예수님의 사랑에 감사해서 밤낮으로 쏟아지는 눈물을 감당할 수가 없었다,

3일동안 울었다.

전도사님과 충주에 있는 기도원에 가게 되었다.

저녁예배시간에 원장님이 던지듯이 한 말씀을 하셨다.

"여기에 자식을 학대하는 부모가 있다."

그 말이 비수가 되어 내 심장을 찌르면서 나에게 다가왔다.

"바로 너다!"

"바로 너야!"

원장님은 계속해서 선포하셨다.

"회개하지 않으면 자식들의 생명을 하나님께서 거두어 가신다."

"자식들의 피가 하늘에 닿았다."

원장님의 말씀이 가슴에 꽂혀왔다.

몸부림치며 밤새도록 회개하며 울었다.

나의 완악함을 깊이 깨닫고 서울로 돌아오는 고속버스 안에서도 솟구치는 눈물을 주체할 수가 없었다.

나는 집에 돌아와 초등학생인 자식 앞에서 용서를 빌었다.

7. 누구의 죄 때문인가 ?

우리 부부는 노후 대책으로 지방에 내려가서 작은 기독교 백화점

을 운영해 보기로 계획을 세워 대전으로 이사를 했다.

그러나 계획대로 이루어지지 않았으며 계속 어긋나기만 했다.

남편은 직장을 퇴직하지 못하고 서울과 대전에서 두 집 살림을 하게 되었다.

대전으로 이사 온 것을 후회하며 낯선 곳에서 정붙여 살기가 쉬운 일은 아니었다.

이삿짐을 정리하고 그런 와중에 아직 교회를 정하지 못하여 습관적으로 집에서 기도하게 되었다.

방언기도를 하는데 내 손과 팔에 강한 힘이 오면서 내 몸 한 부분을 쳤다.

귀신이 말을 했다.

"내가 이 속에 있는 것을 어떻게 알았지?"

"네 속에 예수의 피가 있어서 괴로워 더 이상 못 있겠다."

"이제 떠나야겠다."

성령께서 강하게 역사 하시면서 쫓아 주시는데 나는 넘어지면서 짐승 같은 소리를 지르며 경련을 일으켰다.

'성경에 예수님께서 귀신을 쫓아 낼 때 일어났던 현상이 나에게서 일어나고 있지 않은가?'

나는 두렵기도 하고 무섭기도 하였다.

6일 동안 기도할 때마다 이런 현상이 일어났다.

이런 영적 체험이 있고 난 후부터 쇳덩어리를 달아 놓은 것 같이 무겁던 내 몸이 가벼워지면서 건강도 조금씩 회복되어갔다.

내 마음이 담대해 지면서 귀신이 무섭지가 않았다.

예수 믿는 친척집에 잠시 다니러 갔다.

친척분의 얼굴을 보는 순간 빨갛게 일그러진 문둥이로 보였다.

나는 성령께서 역사하셔서 물리쳐 달라고 기도를 했다.

친척분이 고백을 했다.

"눈이 맑지 못하고 항상 졸리는 눈 같고 괴롭고 고통스러웠는데 눈이 맑고 깨끗해 졌다."고 하시며 몹시 신기해 하셨다.

이런 체험이 있었지만, 나에게 일어난 일들의 의미도 깨닫지 못했고, 내가 잘 믿고 있는지도 몰랐고, 영을 분별할 줄도 몰랐다.

주일성수를 잘하고, 맡은 직분 잘 감당하고 봉사하면 예수 잘 믿는 줄 알았는데, 내가 알지 못하던 영적인 세계가 있다는 것을 전혀 알지 못했다.

예수 믿은 지 수 십년이 되었지만 마귀, 사탄, 귀신, 천사, 성령님에 대해서는 관심 밖이었다.

하나님의 자녀는 귀신과 상관이 없는 줄 알았다.

"하나님께로서 나신 자가 저를 지키시매 악한 자가 저를 만지지도 못하느니라."(요일 5:18)라고 성경에 기록되어 있기 때문이다.

친척분의 소개로 감리교회에 등록하게 되었다.

성도들과 목사님이 낯설고 정이 들지 않아 교회섬기는 일이 예전보다 적극적이지 못하였으며 거리가 너무 멀어 내 체력으로는 감당하기가 힘이 들었지만 친척분이 그 교회 장로님으로 시무하고 계셨기 때문에 멀어도 다른 교회로 옮길 수가 없었다.

평소 위장 장애로 고통을 받았던 증세가 어느 날 갑자기 다시 나타나면서 식사를 전혀 할 수 없었다. 고통 받을 때마다 병원을 의지해 보아도 효과를 못 보는 것이 내 특징이다. 그리고 나에게 가장 큰 고통은 불면증이다.

12년 동안 깊은 잠을 이루지 못했으며 밤만 돌아오면 마음이 불안하다.

내방에는 시계도 없었다. 초침소리가 너무 귀에 거슬리기 때문이다.

내 머릿속은 무엇이 꽉차있는 것 같고 누르면 아파서 손도 못 댔다.

'나는 죽을 때까지 머리는 맑아질 것 같지가 않아!'

나는 항상 그렇게 생각을 하면서 살았다.

신경도 예민할 대로 예민했다.

예수 믿으면 복 받고 건강하고 잘 된다던데 처녀 땐 병원 한번 안가던 내 몸이 왜 이렇게 됐을까 라는 생각을 하면서 깊은 고민에 빠지게 되었다.

몸이 아플 때마다 금식해서 응답받으면 그 기쁨은 잠시뿐, 육체와의 전쟁은 끝이 보이질 않았다.

어떻게 믿어야 복을 받아 기쁘고 행복할지 의문이었다.

예수 믿자니 힘들고 안 믿자니 지옥 갈 것 같고 진퇴양난이었다.

성경에는 "항상 기뻐하라, 쉬지 말고 기도하라, 범사에 감사하라. 이것이 하나님의 뜻이니라"(살전 5:16-18)고 했는데 "범사에 감사하라"란 말이 이해가 안 갔다.

목사님이 심방 오셔서 "환란 중에 감사하라!"고 하시면 나는 속으로 이렇게 되뇌었다.

"당신도 내 입장이 되어 보세요, 감사할 수 있는지?"

나의 마음속에서는 오히려 반항심이 생기면서, 분노가 생겼다.

나는 지칠 대로 지치고 실의에 빠진 나는 살든지 죽든지 인생을 포기하려고 물도 마시지 않고 단식하였다.

3일 후 주님께서 역사하셔서 식사할 수 있게 되었다.

자주 체험한 일이라 기쁨은 잠시 뿐이고 염려가 되었다.

육체와의 전쟁이 내 죄 때문인 것 같아 시간을 정해놓고 기도하게 되었다.

죄짓지 않고 사랑하며 살려고 노력해도 또 넘어졌다.

몸부림치며 회개하고 또 넘어지고.

죄로부터 자유 함을 못 얻으니 항상 무거운 짐을 지고 살았다.

작은 죄까지도 생각나게 해서 회개하게 해 달라고 기도했다.

회개를 철저히 하지만 얼마 지나지 않아서 또 죄짓고, 마음도 몸도 행동도 더러워지는 것을 스스로 느끼면서 그저 괴롭기만 했다.

시련이 올 때마다 금식하며 부르짖어 기도하면 잠시 해결되는 것 같아 보이다가 시간이 지나면 더 큰 문제와 어려움이 닥쳐온다.

‘죽을 때까지 내가 지고 가야하는 십자가인가?’

육체와의 전쟁은 끝이 보이지 않았다.

나는 지칠 대로 지쳐있었고 오히려 예수 믿는 것이 무거운 짐이 되었다.

“누구의 죄 때문인가?”

“조상의 죄 때문인가?”

“아니면 내 죄 때문인가?”

“갈수록 태산인 문제 앞에 어떻게 믿어야?”

“하나님 아버지 마음을 흡족하게 하면 복을 받을 수 있을까?”

의문이 의문을 낳으면서 꼬리에 꼬리를 물고 이어졌다.

제2부
성령님이 치유하시네요

1. 주님을 만났다

30년 전 앞집에 살던 선교사님으로부터 구원의 복음을 듣고 3일 동안 회개하고, 죄에서 해방된 것이 기뻐서 감사하며 울었던 기억이 났다.

구원받은 은혜에 감사하여 교회에서 열심히 봉사하며 섬기었다.

"그런데 지금 난 구원의 기쁨은커녕 절망으로 가득한 삶을 살아가고 있는 건가?"

"언제부터 무엇 때문에 왜 그 구원의 기쁨을 잃어버렸는가?"

"어떻게 해야 이 구원의 기쁨을 다시 회복 할 수 있을까?"

"어느 누구보다도 하나님을 잘 믿어보려고 교회의 모든 예배와 행사에 참여하며, 많은 봉사를 하며, 열심을 다했는데."

"나의 믿음생활은 왜 이리 힘들고 어려운 것인가?"

말 그대로 예수님을 안 믿으면 지옥 가겠고, 잘 믿으려니 무거운 짐이 되어 나는 지칠 대로 지쳤다. "어떻게 해야 내 영성이 회복될 수 있을까?"해서 이 기도원 저 기도원을 찾아 헤맸고, 유명한 부흥강사님들의 집회에도 열심히 쫓아 다녔지만 은혜 받을 때의 기쁨은 잠시, 조금 시간이 흐르면 풍선에서 바람 빠지듯 내 마음이 허전하여지고 신앙생활의 풍성함이 사라져 갔다.

'이것이 아닌데'

'이것이 아닌데'

오히려 근심 걱정만 점점 더해 갔다.

"내게 있는 기쁨을 네게 주노라!"

"내게 있는 평화와 사랑과 안식을 너희에게 주노라"

주님은 그렇게 말씀 하셨는데

'나는 왜 이런 기쁨과 평화가 없는가?'

말씀이 능력이라 하시는데 말씀 한귀절도 순종할 수 있는 능력이 내겐 없는 것 같았다.

몸이 아파 누워있으면 목사님과 전도사님이 심방을 오셨다.

너무 괴로워 울면서 나의 형편과 처지를 말씀드렸다.

목사님과 전도사님이 돌려주는 대답은 한결같았다.

"감사 하세요! 범사에 감사하라고 하지 않았습니까?"

위로 해 준다고 오셔서 "감사하세요!"라는 말을 듣는 순간 아픈 나는 속에서 울화가 치밀어 올랐다. 심방요원들끼리 심방 다니면서 있었던 일들에 관하여 웃으며 대화하는 것을 보면 더욱 짜증이 났다.

나의 마음속에서는 그들에게 하고 싶은 말들이 떠올랐다.

'당신들도 내 입장 돼 보세요! 감사가 나오는지.

내가 감사할 줄 몰라서 안하는 줄 아나보죠?

안 되는 것을 어떻게 해?'

나는 혼자 말처럼 속으로 상한 마음을 되 뇌이곤 했다.

"항상 기뻐하라 쉬지 말고 기도하라 범사에 감사하라 이는 그리스도 예수 안에서 너희를 향하신 하나님의 뜻이니라."(살전5:16-18)

이 말씀이 도저히 이해가 안됐다.

'나는 이렇게 괴롭고 슬픈데 어떻게 항상 기뻐하며 살 수 있단 말인가?'

이해가 안 됐다. 이해하려고 하면 할수록 '어떻게 그게 가능한지?' 더 이해가 안 됐다.

나도 하나님 뜻대로 순종하며 살고 싶은 마음은 간절하나 안 되니까 더 괴로웠다. 예수님은 각색 병든 자 고통 하는 자, 마귀 들린 자, 그리고 인생의 모든 무거운 짐 진 자에게 자유를 주시는 주님이시라는데 말이다.

'나에겐 왜 이런 자유와 기쁨이 없는 것일까?'

하나님 아버지는 나를 사랑한다고 하시지만 내 마음을 아시는지 모르시는지 침묵만 하고 계시는 것 같이 느껴졌다.

그렇게 의문에 의문이 꼬리를 물고, 이해 할 수 없는 미궁으로 점점 빠져들 때면 나에겐 성경이 한낱 이야기책 인 것만 같았다.

요절을 외우고 중얼거려 보지만 능력은 없었다.

주님과 나는 도저히 만날 수 없는 멀리 떨어져 있는 것만 같았다.

어떻게 해야 주님이 예비하신 풍성한 삶을 살 수 있단 말인가?

예수께서 나를 찾아오시기를 간절히 바라면서도 나는 마음의 상처와 병든 몸으로 이 병원 저 병원 찾아다니고, 심지어 정신과 의사선생님과 상담을 하는 신세가 되어 있었다.

'왜 나의 삶은 날마다 한숨과 절망으로 가득한 삶이란 말인가?'

그때 나는 죽음이라는 것을 생각했다.

'그래 차라리 죽어 버리는 것이 나을지도 몰라.'

하나님의 자녀라고 하는 나는 불신자의 형통함을 보면서 부러워하는 연약하고 초라한 모습이었다.

나도 다른 성도들처럼 복 받았다고 간증하며 살고 싶었다.

나도 예수 잘 믿고 치유 받아 행복하게 살고 싶었다.

'어떻게 해야 아브라함의 복이 나의 복이 될 수 있는 것인가?'

나는 몹시 혼란스러웠다.

그렇게 혼란스러운 시간을 보내고 있을 때, 내가 출석하는 교회에서 특별집회가 있었다. 강사님이 복음을 전해주셨다.

"그가 찔림은 우리의 허물을 인함이요 그가 상함은 우리의 죄악을 인함이라 그가 징계를 받음으로 우리가 평화를 누리고 그가 채찍에 맞음으로 우리가 나음을 입었도다. 우리는 다 양 같아서 그릇 행하며 각기 제 길로 갔거늘 여호와께서는 우리 무리의 죄악을 그에게 담당시키셨도다."(사 53:5-6)

목사님께서 열변을 토하셨다.

"이천년 전에 예수님께서 십자가에서 죽으심으로 우리의 모든 죄가 사라졌습니다. 우리는 이 십자가의 사건을 내 사건으로 받아들여 믿으면 죄 용서를 받는 것입니다. 죄를 짓지 않아서 죄가 없는 것이 아니라 비록 죄를 짓고 살아도 예수님의 십자가의 사랑으로 용서받은 의인이 된 것입니다. 과거, 현재, 미래의 모든 죄를 사함 받았다는 것입니다. 그래서 우리는 주님을 사랑하는 것이고, 예수님 보다 귀한 것이 없다고 고백하는 것입니다."

나는 나를 살리시기 위해 죽으신 예수님을 의지하지 않았던 것이었다.

나는 그 예수님을 신뢰하지 않았었다.

나의 저주를 예수님께서 담당하셨는데도 믿지 않고 '조상의 죄 때문인가?', '내 죄 때문인가?' 하며 괴로워했다.

나의 질고 때문에 채찍을 맞으시며 고통을 받으신 예수님을 믿지 않고 아픈 육체만 쳐다보고 괴로워하며 건강한 사람을 쳐다보며 부러워했다. 죄 용서함을 받았다는 것은 우리의 겉 사람 즉 육이 아니고 속사람인 영이 새 생명을 얻었다는 것입니다. 그것을 베드로는 숨은 사람이라 했습니다. 하나님은 우리의 겉 사람을 보시지 않으시고 우리의 속사람 즉 영을 감찰하고 계십니다.

강사님의 설교가 계속되었다.

"여러분은 속사람이 있다는 것을 아십니까?"

"우리가 예수님을 영접했을 때 우리의 속사람은 하나님을 찾고, 하나님을 사랑하고 하나님의 뜻대로 살려고 합니다. 그러나 우리의 겉 사람은 죄의 속성을 가지고 있어 마귀가 좋아하는 세상을 사랑하게 합니다. 그러므로 우리의 속사람이 충만하여져서 겉 사람을 지배해야 되는 것입니다. 이것이 성령충만 입니다. 겉 사람인 육이 강하면 하나님과 원수가 된다고 하지 않았습니까? 여러분은 성령의 인도를 받아야 에덴이 회복될 수 있습니다."

나는 그 말씀을 들을 때 깊은 감동이 왔다.

바로 30년 전 구원의 복음을 듣고 기뻐하며 살았던 내가 언제부터인가 기쁨을 잊어버린 까닭은 내 속사람인 영에 관심을 두지 않고 겉 사람으로 살았으므로 주님을 잊게 된 것을 깨닫게 되었다. 믿음으로 죄 용서를 받았음에도 불구하고 나는 감사할 줄 모르고, 그냥 나의 마음으로, 생각으로, 입으로 지은 죄를 용서해 달라고 교회에 갈 때마다 울면서 회개하고 또 회개 했었다. 죄 짓지 않으려고 온갖 노력을 다하며 살려고 했지만 어느새 나는 불평하고 원망하고 있었다.

"연약한 나를 용서해 주시옵소서!"

"연약한 나를 용서해 주시옵소서!"

나는 이렇게 기도하면서 나의 모습에 깊은 절망감이 밀려왔다.

"그런즉 누구든지 그리스도 안에 있으면 새로운 피조물이라. 이전 것은 지나갔으니 보라 새 것이 되었도다."(고후 5:17)

새로운 피조물이 된 것은 속사람이라고 했다.

속사람이 새것이 되었다고 했다.

하나님은 예수 안에서 우리의 속사람을 보신다고 했다.

큰 충격이었다.

그동안 한 번도 속사람인 영에 관심을 둔 적이 없었다.

내 영이 건강한지 병들었는지 잘 성장하고 있는지 아무것도 몰랐다.

사도 바울도 "겉 사람은 후패하나 속사람은 날로 새로워진다."(고후 4:16)고 했다.

주님께서는 속사람에 관심이 있으신데 겉 사람만 치장하고 겸손한 척, 온유한 척, 사랑하는 척 하면서 위선을 떨고 살았다.

속사람을 하나님의 능력으로 강건하게 해 달라고 기도해 보았는가?

영혼이 잘 되어야 범사가 잘 된다고 했는데 눈에 보이지도 않는 영혼이 어떻게 해야 강건하게 되며 잘 되는 것인가?

"속사람!"

그렇다, 난 내 안에 있는 속사람에 관심이 없었다.

"이제라도 관심을 갖자!"

"온 몸이 머리로 말미암아 마디와 힘줄로 공급함을 받고 연합하여 하나님이 자라게 하시므로 자라게 하시느니라."(골 2:19)

'하나님은 나의 속사람을 자라게 하시기 위해서 내가 무엇을 하기를 원하실까?'

"머리되시는 그리스도에게 붙어 있는 자를 자라게 하셨다."(골 2:18)

이 말씀이 나의 마음에 강하게 부딪혀 왔다.

예수님이 나의 머리가 되시고 내 영은 몸이 되어 연합된 자 즉 그리스도와 하나가 된 자를 자라게 하신다는 것을 깨닫게 되었다.

'과연 수십 년 교회를 다닌 나의 속사람은 얼마나 성장해 있을까?'

나는 그때까지 어린아이에 머물러 있음을 깨달았다.

어린아이는 자기밖에 모르고 배고프다고 울고, 보채고, 짜증내지 않는가?

내가 그런 자였다. 삶이 힘들다고 원망하고, 불평하고, 억울해 하면서 미워하고, 욕심 부리고 그리고 전혀 감사할 줄 모르는 나였다.

나에게 친절을 베풀면 기분이 좋아 상대에게 잘 대하고, 그렇지 않은 사람에게는 불친절한 나!

삐쭉 빼쭉하는 내 모습을 보면서 돌밭, 가시밭, 길가와 같은 내 마음을 보게 됐다. 내가 주님께 붙었다 떨어졌다 하면서 환경만 쳐다보고, 문제만 바라보고, 사람을 쳐다보면서 괴로워하고 있었다.

가정에 어려움이 오고 몸이 아파 고통 받을 때마다 속 시원한 해답을 얻고자 이 은사자 저 능력자를 찾아 다녔다.

그들은 나같이 연약한 사람을 세워주라고 은사를 준 것 아닌가 생각했다.

그런데 돌이켜 생각해보면 불신자들이 점쟁이한테 찾아가 앞날의 운세를 보는 것과 무엇이 다른가?

이런 나를 주님은 주님을 믿는 작은 믿음을 보시고 죄 없다고 인정하시다니 이런 주님이 고맙고 감사했다.

이튿날 목사님께서 성령님이 내안에 계신다고 하셨다.

"예수 그리스도께서 너희 안에 계신 것을 알지 못하느냐 그렇지 않으면 너희는 버림받은 자니라."(고후 13:5)

"예수그리스도가 여러분 안에 계신 것을 알고 있습니까, 모르고 있습니까?"

이 질문이 나에게 충격으로 받아 다가왔다.

그때까지 나는 그리스도가 내 안에 계신 것을 안다고 하였지만 의지하지를 않았던 것이었다.

믿음이 없었던 것이었다.

구만리 장천 하늘에만 계신 하나님으로만 생각하면서 허공에다 대고 기도하질 않았던가?

나는 성령님으로 내 안에 계신 하나님 아버지를 잊어버리고 살았던 것이었다.

아주 가깝고 친밀한 아버지가 내 안에서 교제하기를 원하고 계시다는 것을 몰랐다.

'어떻게 해야 하나님을 만날 수 있을까?'

계속해서 질문을 던지면서 그렇게 애타게 사모하며 부르짖어도 듣고 계시는 지, 안 들으시는지 답답했었다.

내 속사람이 거듭나서 예수그리스도의 영을 소유했어도 내 마음에 계신 성령의 지배를 벗어나 살고 있으면 나는 온전한 삶을 살 수 없다는 것을 깨닫게 되었다. 주님이 나와 함께 계시다는 것을 믿으면 누가 나를 돌아보지 않고, 버림을 당해도, 어려움이 있어도, 누가 나를 이해하지 못하고 오해해도, 주께서 나를 너무나 잘 아시니까 걱정할 것이 없어야 함을 깨달았다.

"내 안에 계신 주님은 나의 어떠한 문제보다도 크신 분이시다!"

"질병의 치유자 이시다!"

"능력의 주님이시며 마귀를 이기시고 세상을 이기신 분이 아니신가?"

사람들은 겉모양만 보지만 주님은 심령을 감찰하시기 때문이다.

"나는 하나님의 자녀다!"

"나는 이 세상에 속한 자가 아니다!"

"나를 만드신 주인은 주님이시다!"

"나는 하나님께서 택하신 족속이다. 왕 같은 제사장이요, 거룩한 나라요, 그의 소유된 백성이라 하지 않았는가?"

내 자신을 의지하는 삶이 얼마나 어리석은 것인가를 알게 해주셨다.

광야에서 방황하던 이스라엘 백성같이 내 안에 계신 예수님을 떠나면 방황하는 것이었다.

'그리스도가 내 안에 계신 것을 왜 몰랐을까?'

'수십 년 교회를 다니면서 많이 들은 말씀 아닌가?'

‘그리스도가 내 안에 계신 것을 알면 주님과 같이 먹고, 같이 자고, 같이 생활하고, 같이 동행해야 되지 않겠는가?’

“내가 문밖에 서서 두드리노니 누구든지 내 음성을 듣고 문을 열면 내가 그에게로 들어가 그와 더불어 먹고 마시며 살리라”(계 3:20)

그랬다.

“그리스도가 내 안에 계신 것을 알지 못하느냐” 하신 말씀의 “알지”는 단순히 지식적으로 아는 것이 아니라 ‘주님과 더불어 먹고 마시며 사는 것’을 의미함을 깨닫게 되었다.

주님은 나에게 깊은 깨달음을 주셨다.

‘주님은 내 속에 들어오셔서 나와 같이 먹고 마시며 살고 싶다고 하셨다. 그런데 주님과 같이 먹고 마시며 살지 못했으며 혼자인줄로만 알고서 외롭고 고독하게 산 세월이 얼마인가?’

나는 주님을 안다고 하면서도 주님을 믿지 않았던 것이었다.

나는 주님을 안다고 하면서도 주님을 의지하지 않았던 것이었다.

교회에서 예배시간에 함께 하셨던 주님이 집에 돌아와 생활 할 때도 같이 사시는 분인데도 말이다. 나 혼자 먹고 마시며 사는 것은 주님과 함께 사는 삶이 아니라는 것을 깨달았다. 나는 나대로 주님은 주님대로였다.

포도나무이신 주님과 가지인 내가 붙어있어야 된다고 했는데도 말이다.

그것은 믿음으로 사는 삶이 아니었다.

그동안 나의 생활은 믿음으로 살지 못했다는 것도 깨닫게 되었다.

습관적으로 교회 다니면서 예배드리고 봉사하며 헌금하는 생활이 믿음인줄 알았는데 이는 교회 마당만 밟고 다닌 것 뿐 영성은 없었다.

기도도 먼 하늘의 하나님을 생각하며 울며 기도드렸다.

그랬다.

종교생활 이었지 신앙생활이 아니었다. 후회가 밀려왔고, 미련하고 어리석게 살아온 내 모습이 초라하게 느껴졌다. 공이로 찧어도 미련이 벗겨지지 않는다고 하신 말씀이 생각났다.

"바로 내가 그런 자가 아닌가?"

인간이 범죄 하기 전에는 하나님과 교제하며 살았는데 말씀에 불순종하고 타락하여 하나님과의 교제가 끊어졌고, 이것이 원죄라는 사실을 깊이 묵상했다. 하나님께서 그 교제를 회복하시기 위해 하나님께서 육신을 입고 이 땅에 오셔서 십자가에 죽으심으로 교제를 회복시키셨다. 누구든지 예수님을 마음에 영접하고 의지하면 하나님과 교제가 회복된다고 하셨다.

"영접하는 자 그 이름을 믿는 자에게는 하나님의 자녀가 되는 권세를 주셨으니"(요 1:12)

이 말씀이 새롭게 다가왔다.

어려서부터 습관적으로 교회에 열심히 다녔지만 주님의 음성을 듣지 못하였고 대화하기 위해 찾아본 적도 없었다. 그런데 내안에 계신 성령님은 인격을 갖고 계신 분으로 웃기도 하시고 울기도 하시며 화도 내신다고 하셨다.

"영으로 오셔서 내안에 계신 주님은 보이지도 않고 그 음성이 들리지도 않는데, 언제 웃고, 울고, 화를 내신단 말인가?"

도저히 이해가 안 됐다.

괴롭고 힘들 때면 하늘에 계신 하나님만 생각하고 허공에 대고 기도했는데 성령으로 내 안에 계신다니

"그분을 바라보라!"

"그분을 의지하라!"

"그분을 생각하라!"

이스라엘 백성이 죄를 범하여 불 뱀에 물려 죽을 때 장대에 놋 뱀을 만들어 높이 세우고 쳐다본즉 산 것같이 주님을 바라보라고 말씀하셨다.

요한이 예수님에게 세례 주시면서 "보라 세상 죄를 지고 가는 하나님의 어린 양이로다."(요 1:29)라고 말씀하셨던 것처럼 바라보라고 말씀하셨다.

"믿음의 주요 온전케 하는 예수님을 바라보자!"(히12:2)라고 말씀하신 것처럼 바라보라고 말씀하셨다.

"성령으로 내 안에 오신 주님을 바라보라, 바라보라, 바라보라!"

이 말씀을 들으면서 나는 생각했다.

'그런데 나는 무엇을 바라보았을까?'

'돈? 자식? 남편? 환경? 문제? 아픈 육체?'

‘이런 것들만 바라보고 절망하지 않았던가?’

성경에서 제시하는 삶과는 맞지 않음을 느꼈다.

허공에다 대고 울면서 몸부림치며 기도할 때 하나님과 나는 멀리 떨어져 있는 것 같이 느꼈고 침묵만 하셨던 예수님의 마음을 조금 알게 됐다.

“어리석게 사는 내 모습을 보고 주님은 얼마나 답답해 하셨을까?”

주님의 마음이 이해되기 시작했다.

주님을 바라보지 않고 문제를 바라보며 내 설움에 울고불고하다 지친 나는 ‘하나님께서 나를 떠나셨나? 나를 사랑하지 않으시는가?’라고 생각하며 힘이 빠져 있었고, 기가 죽어 있었고, 복 받았다고 간증하며 자랑하는 성도들을 보며 부러워했었다.

“너희가 육신대로 살면 반드시 죽을 것이로되 영으로써 몸의 행실을 죽이면 살리니”(롬 8:13)라고 성경에 기록되어 있지 않은가?

나는 어떻게 사는 것이 육으로 사는 것이며, 어떻게 사는 것이 영으로 사는 것인지 분별력도 없었다.

그러나 이런 깨달음을 주셨다.

‘정오에 시계의 큰바늘과 작은 바늘이 하나 되듯 나도 주님과 초점이 하나가 되어야 하지 않겠는가?’

그동안 나는 나와 주님의 초점이 맞지 않았음을 깨달았다.

큰 바늘인 나는 3시 6시 9시 내 멋 대로였음을 깨달았다.

“네가 내안에 내가 네 안에 있으면 열매는 저절로 맺는다.”고 하셨는데 주님께 붙어있어야 열매를 맺는다는 것을 알면서도 내가 주님께 붙었다 떨어졌다 하면서 주님께 원망만 했다.

문제는 주님이 아닌 나였다.

예레미야 선지자의 말씀이 생각났다.

"우준하여 지각이 없으며 눈이 있어도 보지 못하며 귀가 있어도 듣지 못하는 백성이여 이를 들을지어다."(렘 5:21)

나를 향한 책망의 말씀이었다.

'영적인 귀머거리, 영적인 소경이 내가 아닌가?'

나를 온전하게 하실 분은 주님 뿐 이신 것을 깨닫게 되었다.

나를 온전하게 하실 주님을 바라보고 싶었지만 나는 주님을 바라보는 것이 어떻게 하는 것인지 조차 몰랐다. 영으로 오신 주님이 내 안에 계신 것을 볼 수도 없고 깨닫지도 못했다.

"안 보인다!"

"안 들린다!"

나는 답답했지만 보이지 않고, 들리지 않았다.

목사님은 계속 말씀하셨다.

"내 안에 계신 주님을 바라보라!"

믿음으로 내 안에 계신 주님을 바라보라고 하셨다.

"믿음으로, 믿음으로!"

"아들을 생각하면 아들이 보이듯, 직장에서 일하는 남편을 생각하면 남편이 보이 듯 내 안에 계신 주님을 바라보라, 생각하라!"고 하셨다.

그랬다. 영국에서 공부하는 아들을 생각하면 아들이 보였고, 남편을 생각하면 남편이 떠올랐다.

"피아노 연주자가 악보를 보고 피아노 연습을 하다가 건반을 놓치면 또다시 시작하듯, 반복적으로 주님을 생각하고 바라보라!"고 하셨다.

"분초마다 내 안에 계신 주님을 의식하면서 사모하여 바라보라"고 하셨다.

하나님을 만나기 위해 몸부림치고 울부짖어도 계시는지 안 계시는지, 기도를 들으시는지 안 들으시는지 침묵만 하시던 그 분이 내 안에서 기도를 들으시고 말씀하신다니 놀랍지 않은가?

"성령님은 그리스도의 영이시며, 하나님의 영이십니다."

목사님의 말씀을 들으면서 내 속에서 깨달음이 있었다.

곧 그리스도가 내 안에 계시고, 하나님 아버지가 내 안에 계신다는 것이었다.

그분은 나를 죽이기도 하시고 살리기도 하시며 높이기도 하시고 낮추기도 하시며, 가난하게도 하시고 부하게도 하시는 그 분이 내 안에 계신다는 것이었다.

우주의 하나님이 내 안에 계시다는 것이었다.

내안에 계신 주님을 모르고 방황한 세월이 얼마인가?

나의 아버지시요, 신랑이요, 친구가 되시는 주님이 내 안에 계시다니!

나는 그것도 모르고 외롭다고 고독하다고 슬프다고 아프다고 절망하며 낙망하며 살았던 것이었다.

베드로, 요한, 바울 등 주님의 제자들이 만난 주님을 나도 만나고 싶었다.

목사님이 만난 주님을 나도 만나 교제하고 동행하며 살고 싶었다.

마태가 예수님을 만난 후 쓴 것이 마태복음 아닌가?

누가가 예수님을 만난 후 쓴 것이 누가복음 이듯이, 내가 만난 주님을 증거 할 수 있도록 나도 주님을 만나 내가 만난 주님을 인하여 나만의 복음을 간직하고 싶었다.

사도 바울도 나의 복음을 전했다고 하지 않았던가?

죽은 나사로를 살리신 주님은 나사로의 주님이시다.

나아만 장군의 문둥병을 고쳐주신 하나님은 나아만 장군의 하나님이다.

'내가 병들어 고통 받을 때 나를 살리시고 회복시켜 주셔야 나의 주님이 아닌가?' 라고 나는 생각을 했다.

과거에 역사하신 하나님이 그때 그 순간부터 내안에 살아계셔서 동일하게 역사하시는 하나님을 느끼고 싶었다.

"천국도 죽어서만 가는 곳 아니요 내 마음에 있다."고 했다.

"또한 저희가 마음에 하나님 두기를 싫어하매 하나님께서 저희를 그 상실한 마음대로 내어 버려 두사 합당치 못한 일을 하게 하셨으니"(롬 1:28)라고 했다.

그런데 내 마음은 날마다 절망이었고 지옥의 삶이었다. 그것은 내 마음에 하나님을 두지 않아서였다. 구원 받은 내 안에 예수님이 임재하신 것을 몰랐다. 주님이 내 안에 계신 것을 알았다면 홀로 그렇게 괴로워하지 않고 절망하며 낙망하지 않았을 텐데. 주님이 내 안에 계심에도 불구하고 내 안에 계신 주님과 대화하지 않고 얼마나 어리석게 살았던가?

내 안에 주님이 계시다는 것은 참으로 놀라운 진리였다.

목사님께선 "성령님을 찾아보세요! 찾으면 만납니다. 나는 성령님을 사모한지 1년 만에 만났습니다."라고 말씀 하셨다.

그때 나는 이런 의문이 생겼다.

'나 같은 평신도가 주님을 만날 수 있을까?'

의심도 생기고 기대도 됐다.

'천국도 가보지 않고 믿는 것처럼 나는 10년이 걸릴지라도 사모하여 만나리라.' 라고 생각했다. 나의 인생을 걸고서라도 그분을 찾아서 만난다면 그럴만한 가치가 있는 분이라는 생각이 들었다.

그분은 창조주이시며 전능자이시기 때문이다.

"너희가 전심으로 나를 찾고 찾으면 나를 만나리라."(렘 29:13)라는 말씀이 생각났다.

지나온 세월이 억울하기도 하였지만 이제라도 깨닫게 된 것이 감사하다.

'구하고 찾고 두드리는 자에게 성령님을 만나주지 않으실까?'

'내안에 계신 주님을 만나기 위해 구해보자. 찾아보자. 두드려보자!' 라고 마음속으로 외쳤다.

스스로 결단을 하고 내 의지적으로라도 주님을 만나고 싶어 사모하고 갈망하고 앙망해 보아야겠다는 생각이 들었다.

예배시간에 "주만 바라볼지라! 주만 바라볼지라!"라고 목이 터져라 찬양의 고백을 드렸다. 그리고 나의 삶을 돌아보았다.

'나는 나의 삶 속에서 주만 바라보았다고 고백할 수 있는가?'

내 아집과 고집 때문에 자신을 의지 하면서 염려와 걱정 속에서 낙심하며 절망하면서 실패한 그리스도인으로 살았음을 깨달았다.

성령의 능력이 아닌 내 능력으로 산 것이었다.

주님이 가르쳐 주신 기도를 할 때 마다 "하늘에 계신 우리 아버지 이름이 거룩히 여김을 받으시오며 나라이 임하옵시며"라고 기도 했지만 그때 나는 늘 하던 그 주님의 기도를 다시 한번 깊이 묵상했다.

목사님은 "하나님의 나라가 여러분 안에 있습니다."라고 말씀 하셨다.

그때까지 나는 나를 돌보시는 주님을 모셔놓고 방황한 세월이 얼마였던가?

"지금까지 나는 무엇을 찾고 구하였나?"

약한 몸으로 금식하며 기도 했던 것은 문제 해결의 응답을 받기 위함이었다.

주님은 "먼저 그의 나라와 그 의를 구하라!"고 하셨는데. 어떻게 하여야 주님을 많이 사랑할 수 있을까를 나는 알지 못했다.

"내가 아버지께 영광이 될까, 그의 기쁨이 될 수 있을까, 오로지 믿음으로 살 수 있을까?"

진지하게 나에게 이런 질문을 던지면서 금식하며 기도해 보았는지를 곰곰이 나를 돌아보며 생각해봤다. 아버지께서 나를 향한 선하시고 온전하시고 기뻐하시는 뜻을 알려고 사모해 보았는지를 돌아보았다.

"내가 어떻게 해야 건강 할까?"

"내가 어떻게 해야 자식이 잘 될까?"

"내가 어떻게 해야 부요한 삶을 살 수 있을까?"

"내가 어떻게 해야 문제해결을 받을 수 있을까?"

그동안 나는 세상적인 것들만을 찾고 구했음을 깨닫게 되었다.

처음엔 내안에 계신 주님을 바라보는 것을 5분을 지속할 수 없었다.

다른 생각과 일에 몰두되어 주님을 잊어버린다.

그러다 다시 주님을 만나보리라 결심하고, 길을 걸을 때나, 차안에서나, 집안일을 할 때나, 쇼핑 할 때나 언제 어디서 무엇을 하든지 내안에 계신 주님을 사모하며 찾으려고 했다. 끊임없이 기도하고 기도했다.

"주님 만나고 싶어요! 교제하고 싶어요! 제가 몰라서 내 안에 계신 주님을 찾지 않고 잊어버리고 살았습니다. 성령님, 내 안에서 외롭고 고독 하셨죠? 미안해요!"

주님을 만나고 싶어 밤낮으로 무엇을 할 때든 어디서든 내안에 계신 주님을 사모하며 찾았다. "성령님!"

"성령님!"

끊임없이 성령님을 불렀다.

잠결에도 헛소리를 할 정도로 찾고 찾았다.

마음과 생각과 시선을 오로지 내 안에 계신 주님께만 고정 하였다.

십자가의 구속으로 내 죄를 사해주시고 주님의 보혈로 나를 의롭게 해주신 주님의 은혜로, 하나님의 자녀라는 확실한 신분을 가지고, 내 안에 계신 주님께 당당하게 나아갔다. 그렇게 주님께 다가갈 수 있는 믿음이 생겼다.

내가 기도하면 내 안에서 다 듣고 계신다는 믿음을 갖고 기도했다.

성령님은 영이시라 내 안에 계시지만 보이지 않는다는 것을 깨달았다.

그러나 내 안에 계신 것을 믿음으로 보아야 했다.

'나의 인생의 모든 것을 그분께 걸어도 후회함이 없으신 분이 아닌가?'

그렇게 주님을 사모하며 기도를 시작한지 4개월쯤 지났을 때였다. 어느 날 집에서 기도를 하는데 내 속에서 이런 음성이 들렸다.

"내가 너를 사랑한다. 너는 내 딸이다!"

"내가 네 안에 있다!"

나를 사랑하시는 주님이 내 안에 있다고 말씀을 하셨다.

주님의 부드럽고 따뜻한 음성을 듣게 되었다.

"웬 일인가?   어떻게 이런 일이?"

얼마나 놀랍고 감격스러웠는지 모른다.

깜짝 놀라 주님께 무슨 말씀을 드려야 할지 아무 생각이 없었다.

너무도 멀리 떨어져 있는 것 같이 느껴졌던 주님이 내 안에 계신다고 말씀하시다니, 놀라웠다. 우주의 주인이신 주님이 내 안에 계신 것이었다.

나를 위해 죽으신 주님이 성령으로 내 안에서 말씀하고 계셨다.

의심이 생겼다.

"정말 내가 사모했던 주님의 음성인가?"

"지나치게 사모하다 보니 혹시 잠재의식 속에서 일어난 일인가?"

'내가 헛소리를 들은 것인가?'

'내가 착각하고 있는 것인가?'

'성령이 아닌 다른 영이 장난을 하는 것인가?'

내 속에서 의심이 생기면서 걱정이 되었다.

영의 세계는 모르지만 양신역사가 있다는 말도 들었다. 성령님이 아닌 다른 영의 음성도 들을 수 있다는 말도 들었다.

두려운 생각에 "성령님, 저는 아이같이 어려서 영분별 할 줄도 모릅니다. 아무것도 모릅니다. 성령님과만 교제를 원합니다. 성령님, 성령님, 성령님만 필요합니다."라고 기도했다.

기도하면서 "예수 이름으로 명하노니 성령 이외의 다른 영은 떠나가라!"고 명령하며 물리쳤다. 나의 마음 한편에서는 계속 기도하고, 한편에서는 의심이 생기고 했지만, 음성이 계속해서 들렸다.

"나다! 보혜사 성령!"

"내가 네 안에 있다니까!"

"너는 이삭과 같이 약속의 자녀다!"

"너는 사랑하는 내 딸이다!"

"내가 너를 기뻐한다!"

이때 이 말씀이 떠올랐다.

"예수께서 세례를 받으시고 곧 물에서 올라오실 새 하늘이 열리고 하나님의 성령이 비둘기같이 내려 자기 위에 임하심을 보시더니"(마 3:16)

예수님께서 요한에게 세례를 받으시고 물에서 올라오실 때 일어났던 그 광경이 생생하게 떠올랐다.

"하늘로서 소리가 있어 말씀하시되 이는 내 사랑하는 아들이요 내 기뻐하는 자라 하시니"(마 3:17) 라고 하신 말씀을 나에게도 말씀하고 계시지 않는가?

주님께서 나를 사랑 하신다는 말씀에 내 몸은 희열과 전율을 느꼈고, 나는 주님 앞에 어린아이처럼 말했다. "아빠, 아빠, 나를 사랑해 주셔서 고맙습니다. 감사합니다."

그렇게 고백하면서 몇 시간 동안 엉엉 울기만 했다.

어찌하여 나에게 이런 은혜를 주시는지 놀랍기도 하고 감사하여 몸 둘 바를 몰랐다. 온전히 내 영을 주님께 맡기고 간절히 사모하였더니 사랑의 음성을 듣게 되었다.

주님의 음성은 부드럽고 따뜻했다.

예수님의 제자들과 사도 바울이 만난 주님을 나도 만났다.

목사님이 만난 주님을 나도 만났다.

"세상 모든 사람들아, 나도 주님을 만났다!"

나가서 외치고 싶었다.

기뻐하며 거실에서 춤을 추었다.
내 속에서 찬양이 터져 나왔다.
방언으로 찬양했다.

내 영혼이 은총 입어
중한 죄 짐 벗고 보니
슬픔 많은 이 세상도
천국으로 화 하도다.
주의 얼굴 뵙기 전에
멀리 뵈던 하늘나라.
내 맘 속에 이뤄지니
날로 날로 가깝도다.
할렐루야 찬양하세
내 모든 죄 사함 받고
주예수와 동행하니
그 어디나 하늘나라.

주님을 만나기 전에는 예배 시간에 찬양하는 시간이 너무 길고, 지루하고, 따분해서 찬양이 다 끝날 무렵에 들어가 말씀만 듣고 돌아올 때가 많았다.

"하나님은 영이시니 예배하는 자가 신령과 진정으로 예배할지니라."(요4:24)라고 하셨는데 그 동안 나는 그냥 습관적으로 교회를 다닌 것이었다.

지루하고 따분하던 예배시간이 기쁨과 희열로 충만했다.

목사님 설교가 예수님 또는 사도 바울이 지금 살아 나셔서 나에게 직접 말씀하시는 듯 했다.

주님을 위해 내가 한 것은 주님을 바라보고 내 마음을 주님께 드린 것뿐인데 그렇게 기쁠 수가 없었다. 나의 환경과 아픈 육체는 그대로여서 내 자신은 기뻐 할 수 없는데 내 안에 주님이 기뻐하셨다. 기쁜 일이 생겨서 기쁜 것이 아니라 이유 없이 내 안에 계신 주님을 바라보면 내 속에서 기쁨이 넘쳤다.

즉 내 기쁨이 아닌 주님의 기쁨이었다.

정말 신기하고 놀라웠다.

세상이 다 밝아졌다.

어두웠던 내 모습도 밝아졌다.

"오, 이 기쁨!"

"오, 이 기쁨!"

"오, 이 기쁨!"

내 기쁨이 아닌 내 속에서 솟아오르는 주님의 기쁨으로 충만했다.

주님을 만난 이후부터 기도만 하면 "강선아! 사랑한다. 내가 네 안에 있다"라고 하루에도 수십 번 말씀하셨다.

어느 날 나는 주님께 물었다.

"하나님 아버지 그렇게도 나에게 할 말이 없으세요?"

"왜 다른 말씀은 안하시고 사랑한다고만 말씀하세요?"

"왜! 내가 네 안에 있다고만 하세요?"

"나를 사랑하고 있다는 것을 내가 모르나요?"

"주님이 내 안에 계신 것 내가 모르나요?

"다 알고 있단 말이에요!"

투정처럼 주님께 물으면서 엉엉 울었다.

그때 나는 깨달았다. 주님이 나를 사랑하고 있고 내 안에 계신 것을 내가 더 확실하게 믿어질 때 까지 계속적으로 각인 시켜주시는 것을 깨닫게 되었다.

기도를 하는데 주님께서 내 속에서 내 이름을 부르시는 것이 아닌가?

"강선아! 사랑한다! 나는 네가 좋다. 예쁜 내 새끼!"

내 이름을 부르는 주님의 음성을 듣고 "어떻게 주님이 내 이름을 알까?"라는 의문이 생기면서 놀라워하고 있는데 주님이 내 마음을 아시고 말씀하셨다.

"내가 네 이름을 왜 모르겠니? 머리털까지도 다 세시는 하나님이라고 하지 않았니?"

생각해 보니 성경에도 "사울아! 사울아! 사울아! 사울아!" 부르지 않았던가.

"그래 맞다!"

내 안에 계신 성령님이, 능력의 주님이 내 이름을 모르실 리가 없었다.

내 영은 나를 사랑하셔서 내 이름을 부르시는 사랑의 주님이 고맙

고 감사하여 울고 또 울었다. 내 영은 "아빠! 아빠! 아빠! 나를 사랑
해 주셔서 감사합니다. 고마워요!"

2. 주님이 만지셨어요.

　나를 아껴주시고 사랑해 주시는 목사님이 섬기시는 교회에서 예배
를 드리게 되었다. 말씀으로 은혜를 받고 다 같이 통성 기도를 하는
시간이었다. 내 안에 계신 주님을 바라보면서 간절히 기도를 하는데
성령님의 강한 임재가 있으면서 갑자기 내 얼굴이 일그러져 괴물같
이 변하였고 내 입은 상상할 수 없을 정도로 크게 벌어지면서 짐승소
리를 내며 괴성을 지르고 있다. 내 자신이 무섭기도 하고 두려웠다.
　"내가 왜 이럴까?"
　얼굴이 헐크같이 변하면서 괴성을 지르고 있었다.
　다른 사람들이 내 모습을 본다면 아마도 무서워서 놀라 기절 할 것
같다는 생각을 했다. 통성기도 시간에 일어난 현상이라 다행으로 여
겼다. 그 날 예배를 마치고 집으로 돌아 온 밤부터 나는 온 몸에 힘이
빠지고 몸살이 난 것같이 아파서 일어 날 수가 없었다. 병으로 많은
고통을 받고 살았지만 내 생애에 그렇게 심한 아픔은 처음이었다. 일
주일 동안을 방에 누워 식음을 전폐하고 앓아누웠다. 눈뜰 기운도 없
었다. 죽을 것만 같았다.
　주님과 교제를 경험하고부터는 좋은 일이든지, 궂은일이든지, 괴
롭든지, 슬프든지, 아프든지 먼저 주님께 기도하는 습관이 생겼다.

무슨 일을 만나면 당황해 하면서 내 의지적으로 행동하던 내가 주님을 의지하기 시작했다. 그때도 나는 주님께 물었다.

"주님 제가 많이 아파요."

"제가 왜 이래요?"

"제가 어떻게 해야 되나요?"

내가 그렇게 아픈 이유를 몰라 물었을 때 성령님께서 말씀해 주셨다.

"네 몸에 붙어 있던 악한 것들을 몰아낸 거야."

"강선아 누가 너를 때리면 아프지?"

"네."

"악한 것들이 떠날 때 분하고 억울해서 그냥 떠나지 않고 너를 치고, 떠날 때 나타나는 현상이야."라고 말씀 하셨다.

"시간이 지나면 괜찮아 질 거야."

성령께서 그렇게 말씀해 주셨다.

성경에 예수님께서 귀신을 꾸짖을 때 "더러운 귀신이 그 사람에게서 경련을 일으키고 큰 소리를 지르며 나오는 지라."(막 1: 26)라고 말씀했다.

내 아집과 내 고집, 내 생각 그리고 내속에 가득 차 있는 미움, 분노, 짜증, 시기, 질투, 원망, 불평 같은 것들이 있어서 내 안에 계신 주님을 잊어버리고 살게 하는 그 모든 것들이 나를 괴롭혀 왔는지 깨닫게 해주셨다. 또한 육신의 정욕, 안목의 정욕 같은 악한 것들이 하나님의 자녀들을 공격해서 괴롭히는 지를 깨닫게 되었다.

성령께서 내 마음의 어두움을 몰아내 주셔서 얼마나 감사하고 감사하던지, 감사 또 감사를 드렸다. 이런 체험을 하면서 영의 세계에 대해 조금씩 눈을 뜨게 하셨다.

"하나님의 자녀는 악한 자가 만지지도 못 한다."는 말씀이 있기 때문에 만지지 못하는 줄로만 알았다. 귀신과는 아무런 상관이 없는 줄 알았다.

하나님의 자녀라도 믿음 안에 온전히 거할 때만이 승리하는 삶을 살 수 있다는 것을 깨달았다. 즉 내 영이 주님과 연합되어 하나가 되는 삶을 살 때만이 영적 전쟁에서 승리하면서 살 수 있는 것을 깨닫게 되었다.

"내 안에 거하라 나도 너희 안에 거하리라 가지가 포도나무에 붙어 있지 아니하면 절로 과실을 맺을 수 없음같이 너희도 내 안에 있지 아니하면 그러하리라. 나는 포도나무요 너희는 가지니 저가 내 안에, 내가 저 안에 있으면 이 사람은 과실을 많이 맺나니 나를 떠나서는 너희가 아무것도 할 수 없음이라. 사람이 내 안에 거하지 아니하면 가지처럼 밖에 버리워 말라지나니 사람들이 이것을 모아다가 불에 던져 사르느니라. 너희가 내 안에 거하고 내 말이 너희 안에 거하면 무엇이든지 원하는 대로 구하라 그리하면 이루리라." (요 15:4-7)

내 몸에 악한 것들이 붙어 있는지 나는 전혀 몰랐었다. 그러나 내 안에 계신 성령님은 다 알고 계셨다.

밤 11시 잠을 자려고 해도 도무지 잠이 오지 않았다.

나는 주님께 "주님 잠이 오질 않아요. 이 시간 내가 주님께 어떻게 하길 원하세요? 무슨 말씀을 하고 싶으세요? 아니면 제가 무슨 말 하길 원하세요?"라고 질문을 하면서 내 안의 주님을 바라보는데 지난 어린 시절이 생각나게 하시면서 그때의 모습을 보여 주셨다.

옆집에 사는 친구와 소꿉장난을 하다가 물 없는 깊은 우물에 빠져 무섭고 두려워서 외할아버지를 목이 터져라 부르며 엉엉 울었던 일, 뒷동산에 있는 배나무에 올라가 배를 따다가 높은 나무에서 떨어질 때 무서웠던 일, 친구들과 진달래꽃 따러 다닐 때 상여 집을 지날 때 그곳은 문둥병자가 숨어 있다가 어린 아이를 보면 죽여 간을 빼 먹는다고 하는 말을 들었던 기억이 나서 상여 집 옆을 지날 때마다 무서워서 벌벌 떨며 걸음아 나 살려라 줄행랑을 치던 일을 보여 주셨다. 심지어 술에 만취한 사람이 석양이 질 무렵 마을 어귀의 산모퉁이를 지나려면 물속에서 귀신이 나왔다는 말을 듣고, 친구들과 메뚜기를 잡으러 갈 때면 그곳을 지나야 하는데 귀신이 나타날까봐 무서워서 벌벌 떨며 지나갔던 일까지 자세하게 보여주셨다. 초등학교 1학년 때 단체로 흥부 놀부 영화를 관람 했었는데 놀부가 박을 타는 장면에서 박 속에서 무서운 장면이 나타나 너무 놀라고 무서워 엉엉 울면서 옆에 있는 친구에게 손수건을 줄 테니 집에 같이 가자고 사정을 했는데 들어주지 않아 혼자 울면서 집으로 돌아온 어릴 적의 크고 작은 사건들을 모두 보여주셨다. 친구들이 "너는 성이 강씨였는데 왜 백씨로 바뀌었니? 네 아버지가 친아버지 아니지?"라는 말을 듣고 기가 죽고, 창피하여 쥐구멍이라도 있으면 들어가고 싶었던 일, 중학교 1학년 때 교복바지가 없어 어머니가 군복을 검정색으로 물들여 바지를 만들어 주었는데, 주머니 부분을 재봉틀로 누빈 그곳이 눈에 띄어 아이들에게 놀림을 당하고, 창피를 당할까봐 책가방을 높이 들어 그 부분을 가리느라 힘들게 다녔던 일, 도시락 반찬이 변변하지 못해 창피하여 뚜껑으로 가리고 먹었던 일, 용돈 한 푼 없어 빈주머니 인데도 친구들 앞에선 있는 척 하고 다녔던 일, 이 세상에 친 혈육 하나 없이 나 혼자라고 슬퍼하면서 외로워했던 일, 어머니가 나를 데리고 온 자식이라고 하여 새 아버지 눈치를 보고 이복동생들에게도 기가 죽어 살았던 일, 사람들 앞에서면 괜히 내 자신이 초라해 지면서 기가 죽어 말 한마디 제대로 못하고 지내던 일, 몸이 아파 지옥 같은 삶을 살면서 "내 하나님 어디 계시느냐?"고 몸부림치며 울고불고 괴로워했던 일들을 자세하게 보여 주셨다.

나는 지난 어린 시절을 까마득하게 잊어버리고 살았는데, 한 장면 한 장면 총천연색의 영화필름이 돌아가듯 생생하게 보였다.

하나하나 보일 때 마다 나는 주님께 말했다.

"내가 그때 얼마나 무서웠는지 아세요?"

"내가 그때 얼마나 외로웠는지 아세요?"

"내가 그때 얼마나 고독했었는지 아세요?"

"내가 그때 얼마나 창피했었는지 아세요?"

"내가 그때 얼마나 기가 죽었었는지 아세요?"

나는 주님 앞에 어린아이가 되어 엉엉 울면서 내 속에서 솟구치는 뜨거운 눈물을 주체할 수가 없었다.

"아빠 그때 어디 계셨었어요?"

나는 엉엉 소리 내어 울었다.

무섭고, 두렵고, 기죽고, 외롭고, 괴롭고, 창피했던 나를 이제 주님 께서 품안에 안아주심을 느꼈다.

"주님, 감사해요!"

"이런 못난 나를 사랑해 주셔서 감사해요!"

"나를 또한 세워 주셔서 감사해요!"

"은혜 주셔서 감사해요!"

나는 계속 소리 내어 울었다.

새벽 3시가 넘도록 잠을 못 이루며 울었다.

내 안에 계신 성령님께 울면서 고백하는 나의 말을 듣자마자 말 씀하셨다.

"내 새끼! 내 새끼! 강선아, 이제는 내 품안에만 있어라!"

"너는 나를 떠나서는 아무것도 못한다."

"나는 네가 좋다. 네가 나에게로 와주어 고맙다."

"나는 네가 좋다. 나는 네가 좋다!"

빛 되신 주님이 내 안에 계시니 어두움이 드러난 것이었다.

내면에 치유되지 않은 부분을 성령께서 조명해 주신 것이었다.

내 영혼이 더 정결할 수 있도록 하신 것이었다.

"고맙습니다. 나의 주님!"

나는 '고맙습니다. 나의 주님'을 반복하면서 감사의 기도를 드렸 다.

성령께서 만져주시면서 내적 치유를 해주시고, 새롭게 회복시켜
주시는 것이었다. 지금 돌이켜 생각해 보니 이 모든 경험을 겪게
하심으로 나를 영육간의 치유자로 쓰시는 것 같다.

딸의 직장 관사에서 딸과 둘이 살고 있을 때의 일이다. 딸과 관사
에서 사는 사람들이 모두 출근하고 나면 APT 건물에 나 혼자 있는
것같이 느껴졌다. 도시도 낯이 설고, 아는 사람도 없고 멀리 외국에
라도 와 있는 것 같았다.

아무도 찾아오지 않는 집에서 이야기를 나눌 사람도 없었다. 그렇
다 보니 자연히 내 안에 계신 주님만 의지하게 되었다.

"주님! 주님과 나 밖에 없어요. 주님 외롭습니다. 고독합니다."라
고 기도했다.

주님도 나에게 말씀하셨다.

"네가 나를 바라보지 않으면 나도 네 안에서 외롭고 고독하단다.
너는 나만 바라보아라! 내가 네 안에 있다."

주님은 내 안에서 24시간 졸지도 주무시지도 않으시고 나를 사랑
하며 나만 바라보고 계시는데 내가 주님을 잊어버리고, 대화하려고
하지 않고 찾지도 않으면, 내가 주님을 외롭고 고독하게 한다는 것을
깨닫게 됐다.

하루는 집안일을 마치고 주님과 교제하기 위해 방언으로 기도할
때였다.

"주님 무슨 말씀을 드려야 할지 잘 모르겠습니다."라고 고백하면

서 내 안에 계신 주님을 바라보는데 주님께서 말씀하셨다.

"내가 마리아의 몸을 빌려 이 땅에 육신의 몸을 입고 올 때 낮고 천한 모습으로 외양간에서 태어났다."라고 하셨다.

"내가 낮고 천하게 이 땅에 왔던 것처럼 너도 내가 이 땅에 보낼 때 낮고 천하게 이 땅에 보냈단다. 왜 내가 너를 낮고 천하게 이 땅에 보낼 때 외롭고 슬프고 고독하게 보낸 줄 아니? 아버지가 여기 있다! 아버지가 여기 있다! 네 아버지가 여기 있다! 하며 아버지 사랑을 알게 해 주려고 내가 너를 낮고 천하게 이 땅에 보냈다. 그러니 너 낳은 부모를 원망하지 말라."고 말씀 하셨다.

주님의 음성을 듣고 깜짝 놀랐다.

육신의 아버지가 나를 버리고 새 장가를 가고, 어머니도 나를 버리고 재혼한 것으로만 알고 부모님을 원망했었다.

"자식을 낳았으면 양육을 해야 부모지 양육도 못하면서 왜 나를 낳아서 외롭고 고독한 생을 살게 하나?" 부모님을 원망하면서 "차라리 태어나지나 말지 왜 태어나서 이 고생을 하는가?"라고 혼잣말로 말하곤 했었다. 내 자신을 학대하고 미워하며 살아왔다.

부모님이 나를 낳았으므로 내가 이 땅에 태어 난 줄로만 생각했었는데 주님이 나를 낮고 천하게 이 땅에 보내셨다니! 너무 큰 충격이어서 나는 방바닥에 벌러덩 누워 눈물이 복받쳐 몇 시간을 울었다.

"어찌 이럴 수가!"

주님이 또 말씀 하셨다.

"그런데 너는 아버지를 모르고 네 고집, 네 생각, 네 뜻대로 살면서 얼마나 힘들었니?”

“얼마나 슬펐니? 얼마나 괴로웠니?”

내 손이 주님의 손이 되어 내 이마를 만져 주시면서 슬프게 우셨다.

“주님! 왜 우세요?”

“네가 불면증으로 잠 못 이룬 밤이 얼마냐?”

“신경쇠약으로 고통 받은 세월이 얼마냐?”

“내가 다 안다, 내가 다 보았다.”라고 말씀하시며 내 속에서 계속 우셨다.

내 몸과 손에 강한 주님의 임재가 있으면서 음성이 들렸다.

“이제는 내 품 안에 있으니 신경이 다 치유 되었다.”

“내가 만져 주었다”

머리로부터 눈, 입 순서대로 온 몸을 만져 주시면서 말씀하셨다.

내 머리 속에는 늘 무슨 이 물질이 꽉 들어차 있는 듯 하루도 머리가 맑지 않았다.

막대기로라도 쑤셔 보았으면 좋겠다는 생각을 하곤 했었다.

머리를 만지면 살까지도 아파 만지지도 못했었다.

어지러워서 외출도 할 수가 없었다.

불면증, 우울증, 신경쇠약으로 눈은 항상 피곤하였으며 맑지를 못했었다.

불면증으로 12년을 고통하며 살았었다.

어찌 나에게 이런 일이, 어찌 나에게 이런 은혜를 내 손이 주님의 손이 되어 온 몸을 만져 주시는 주님의 사랑이 그저 고맙고 감사하여 울고 또 울면서 지난날을 돌아본다.

사람들은 나를 보고 말하곤 했다.

"말도 못 붙일 정도로 차갑게 보이는 사람이야."

말 주변도 없고 직선적인 말투 때문에 다른 사람들에게 상처도 많이 주었다. 내 표정은 수심이 가득하고 그늘져 있었으며 웃는 모습이 거의 없었다. 교회에서도 여러 사람들이 모여서 재미있게 농담도 하고 즐겁게 웃으면서 수다도 떠는데 난 무슨 말을 어떻게 해야 하나 몰라 가만히 듣기만 하는 편이었다. 나는 사람들과도 잘 사귀지 못해 혼자 지내는 시간이 많았다.

내성적이고 안으로만 삭이는 성격이었다.

교회 식당에서 식사할 때도 목사님을 보면 어려워서 멀리 피해 앉아 밥을 먹었다.

다른 성도들은 목사님 곁에 앉아서 즐겁게 이야기를 나누는데 나는 그렇게 대화하는 것이 몹시 어려웠다.

교회에서 1월이면 인도자들을 초대해 식사를 나누며 자기소개를 하는 시간이 있었다. 성도가 많다 보니 인도자들끼리도 모를 수 있기 때문이었다.

한명씩 일어나 자기소개를 했다. 몇 교구 몇 속의 누구라고 소개를 해야만 했다.

점점 내 차례가 다가오면 나는 가슴이 두근거리고 얼굴이 빨개지기 시작했다.

간신이 일어나긴 했는데 목소리가 떨려 내 소개를 제대로 못하였다.

쥐구멍이라도 있으면 들어가고 싶었다.

'내년부터 다시는 이런 자리에 참석하지 말아야지!'

후회를 하면서 다짐을 하곤 했다.

옆에서 이런 나의 모습을 지켜보던 어느 권사님은 그렇게 말했다고 한다.

"저런 숫기 없는 분이 어떻게 인도자를 할까?"

그렇게 걱정을 했다는 말을 후에 들었다.

사람들 앞에 서면 나는 몹시 작아졌다.

내 성격을 고쳐보려고 애썼지만 쉽지 않았다.

'다른 성도님들은 다 잘나 보이는데 나는 왜 이렇게 못난이 인가?'

그렇게 생각하면 몹시 우울했다.

어려서도 나는 나보다 다섯 살 이나 아래인 아이들이 때려도 맞고 울기만 했지 맞서 싸워 보지도 못하는 못난이였다. 어른이 되어서도 마음이 여려 남으로 부터 상처를 받을 때에도 큰 소리로 말대답 한번 못하는 못난이였다.

분하고 억울해서 화가 날 때도 눈물이 앞을 가려 말 한마디 못하는 못난이였다.

홀로 자야 할 때면 무서워서 옆집 장로님께 사정하여 권사님을 모시고와서 잠을 자야 하는 못난이였다.

사람들 앞에 서면 기가 죽고 용기가 없어 말 한마디 제대로 하지 못하는 나는 못난이였다.

목숨 걸고 낳은 소중한 자식, 쳐다만 봐도 아까운 예쁜 자식들이건 만 내 짜증을 못 참아, 아이들을 매질하는 못난이 엄마였다.

그날도 주님께서 나의 허물과 죄를 보게 하셨다.

나는 주님께 내 모습을 보면서 주님께 속삭이듯 말했다.

"나는 이런 못난이입니다."

내 자신의 실수와 누군가로부터 받은 상처들을 주님께 낱낱이 토설을 하며 자백했다.

주님께서 말씀하셨다.

"나는 네 죄를 다 용서했다."

주님 이것도 잘못 했어요 라고 말씀드리면 주님께서 말씀하셨다.

"그 죄도 용서 했어. 동에서 서가 먼 것같이, 깊은 바다에 던짐같이 네 죄를 기억도 하지 않고 있다."

그날도 하나님 아버지의 사랑에 감사드리며 울고 있는데 주님의 음성이 들렸다.

"네가 내 품을 떠난 탕자였다."

예수 믿지 않은 사람이 회개하고 돌아오는 것이 탕자인줄 알았는 데 내가 아버지 품을 떠난 탕자라고 하셔서 나는 순간 너무 당황스러 웠다.

"제가 예수님 영접하고 난 이후부터 지금까지 교회와 집 밖에 모르면서 봉사하고 살았는데 저를 왜 탕자라고 하세요?”

나는 따지듯 질문을 했다.

주님께서는 “내가 네 안에 있는데도 나를 의지하지 않고 네 고집, 네 뜻대로 살면 내 품을 떠난 탕자다.”라고 말씀하시었다.

“너, 어디 갔다 이제 왔니?”

“이제야 네가 나를 아는 구나!”

“이제야 네가 내 품안에 안겼구나!”

내 안에 계신 성령님께서 나를 끌어안으시며 큰소리로 통곡을 하시었다.

나도 성령님과 같이 하염없이 엉엉 울었다.

“너는 내 딸이다.”

“내가 너를 사랑한다.”

“너는 내 새끼!”

“내가 너와 함께 있다.”

하나님 아버지의 사랑을 내 마음에 쏟아 부어 주신다.

하루에도 수십 번 주님은 내 안에서 말씀하셨다.

“너를 사랑한다.”

“내가 네 안에 있다.”

“네가 그렇게 분하고 억울해서 흘렸던 그 많은 눈물들을 내가 다 거두어 간다.”

이기적이고 사랑할 줄 모르고 삐뚤어졌던 내 성품과 죄 짓는 능력만 있는 못난 나를 이토록 사랑해 주시니 고마운 마음 금할 길이 없었다.

주님의 사랑에 감사하고 감격스럽고 감동되어 큰 소리로 울었다.

이튿날 주님께 기도하는데 갑자기 온 몸이 땀띠가 나는 것 같이 톡톡 쏘면서 가렵다.

온 몸이 피가 나도록 긁어도 계속 가렵다.

"주님 내 몸이 왜 이렇게 가려워요? 왜 그렇지요?"

"혈액순환이 잘 되도록 만져주는 거야."

주님께서는 내가 혈액순환이 안 되는 것도 아시고 알아서 고쳐주신 것이었다.

병 고쳐달라고 기도하지 않았는데 주님 뜻대로 고쳐주셨다.

걸어 다니는 종합병원이라 할 만큼 만신창이가 된 내 온몸을 만져주셨다.

마음의 병 뿐 아니라 육신의 병 까지 다 고쳐 주셨다.

"강선아 너 불감증 환자인 것 아니?"

나는 정말 깜짝 놀랐다.

불면증, 불임증은 알아도 불감증이란 말은 들어보지도 못했다.

한의원에 가서 진맥을 해 보면 호르몬이 부족하다는 이야기는 많이 들었었다.

워낙 몸이 약하여 그러려니 했지만 내가 불감증 환자라는 것은 몰랐다.

내 손이 주님의 손이 되어 만져 주시는데 온 몸에 전율이 흐르면서 짜릿한 쾌감을 느끼게 하셨다. 참 신기했다. 어찌 이런 일까지, 어찌 이런 은혜까지 주시다니!

또 내 손이 주님의 손처럼 되어 양 손바닥으로 얼굴을 문질렀다.
얼굴이 빨갛게 달아오르면서 살갗이 벗겨질 정도로 문질렀다.
이튿날 세수를 하고 거울을 보는데 눈썹이 하나도 없었다.
평소 표정 없이 찡그리고 인생의 무거운 짐을 홀로 다 짊어 진 것 같이 수심이 가득 찬 그늘지고 어두운 내 얼굴 모습을 어루만져 주셔서 바꾸어 주셨다.
얼굴 근육도 만져 주시어 밝고 환한 예쁜 얼굴로 만들어 주신 것이었다.
참으로 신기하고 놀라워 감사 또 감사를 드렸다.

내 입은 또 어떠했나?
아파 죽겠네, 미워 죽겠네, 억울해 죽겠네, 힘들어 죽겠네, 괴로워 죽겠네 남만 정죄하고 판단하고 불평하고 원망하며 마귀가 좋아하는 말만 하던 부정적인 내 입을 주님이 만져주시니 나의 말이 바뀌었다.
"주님 때문에 기뻐요, 감사해요, 사랑해요, 행복해요, 좋아요."
나를 믿음의 언어로 바꿔 주셨다.
아침에 일어나서 첫마디가 달라졌다.
"오늘도 새 날을 주셔서 감사해요, 하나님 자녀가 된 것 너무 감사합니다. 내 죄 사해 주셔서 감사해요. 감사, 감사해요.”

주님이 지어 주신 내 입으로 ‘감사하다’는 말 밖에 더 할 말이 없었다.

내 눈은 환경 바라보고, 사람 바라보고, 세상 바라보고, 아픈 나의 육체만 바라보았던 육의 눈이 이젠 주님만 바라보는 영의 눈이 되도록 만져 주셨다. 내 귀는 주님의 음성을 듣는 영적인 귀가 되도록 만져 주셨으며, 내 머리도 주님 생각으로만 가득 차 있었다.

내 몸의 약함을 아시는 주
못 고칠 질병이 아주 없네.
괴로운 날이나 기쁜 때나
언제나 주만 바라봅니다.

내 속에서 영 찬양이 흘러 나왔다.
어찌 나에게 이런 은혜를. 어찌 나에게!
내 마음은 기쁘고 감사했다.
“기뻐요, 감사해요, 고마워요. 행복해요”
찬양이 계속 나왔다.

주 예수 내 맘에
들어와 계신 후
변하여 새 사람 되고

이 세상에서 주님이 나만 사랑하시는 것 같이 느껴졌다.

혼자 너무 기뻐서 춤을 추며 찬양을 했다.

"주님이 만지셨어요, 주님이 만지셨어요. 감사, 감사 할렐루야! 주님이 내 안에 계셔요."

주방에서 요리 할 때도 기쁘고 감사해서 국자를 들고 찬양을 하다 춤을 추고, 청소 하면서도 기뻐서 걸레를 들고 찬양하다 춤을 추는 내 마음은 천국이었다.

길을 걸을 때에도 주님과 함께하니 기쁨이 넘쳐 웃으며 '감사, 감사, 감사, 감사 합니다.'를 되뇌었다.

어느 날 이복동생이 길거리 지나가다 나를 멀리서 보았는데 미친 여자처럼 웃으면서 중얼중얼 거리며 지나가는 누나를 보았다고 하면서 어머니에게 누나가 미쳤다고 하더란다.

"그래 나는 예수님에게 미쳤다."

"내 정신으로 살 때 잘 되는 것 있었냐? 지옥 같은 생활이었다."

"이제 예수님의 정신으로 사니 마음도, 생각도, 입도, 눈도, 행동도 모든 것이 천국이니 이제 어찌 내 정신으로 산단 말이니?"

나는 예수님 정신으로만 살기로 했다.

이성 간에 사랑을 할 때도 만나고 헤어지면 보고 싶고 또 보고 싶은 것이 사랑이었다. 그립다가 전화 목소리만 들어도 반갑고 행복해 몇 시간을 통화해도 지루하지 않아 전화를 끊고 싶지 않고, 그 사람만 생각해도 행복 하고, 무슨 일을 하든지 순간순간 그 사람 얼굴만 떠오르는 것처럼 하나님 아버지의 사랑을 내 마음속에 부음 받으면 이성간의 그 어떤 사랑보다도 더 행복한데, 이제 어찌 그 사랑을 놓칠 수 있단 말인가?

이성 간에 어떤 사랑보다 더 큰 하나님 아버지의 사랑을 경험하지 못했다면, 아직 하나님 아버지의 사랑을 모르는 것이다.

예배드리러 가려고 교회 버스를 기다리는 동안에도 내 영은 찬양을 했다. 사람들이 내 앞을 지나가면 속으로 찬양을 하고 아무도 없으면 뒤에 있는 학교 운동장을 향해 큰 소리로 영 찬양을 했다.

예수로 나의 구주 삼고
성령과 피로써 거듭나니
이 세상에서 내 영혼이
하늘의 영광 누리도다.
온전히 주께 맡긴 내 영
사랑의 음성을 듣는 중에
천사들 왕래하는 것과
하늘의 영광 보리로다.

주 안에 기쁨 누리므로
마음의 풍랑이 잔잔하니
세상과 나는 간 곳 없고
구속한 주만 보이도다.
이것이 나의 간증이요
이것이 나의 찬송일세
나 사는 동안 끊임없이
구주를 찬송하리로다.

변화된 내 모습에 정말 내가 신기하고 놀라웠다.
버스 안에서도 찬양을 하면 다른 성도들도 같이 찬양을 했다.
돌아오는 버스 안에서도 찬양으로 충만했다.

잠을 자기 위해 침대에 누워 주님을 바라보면 내가 뭔데 나 같은 것을 사랑한다고 하루에도 수십 번씩 말씀하시는 주님이 너무 감사했다.

"강선아 고맙다 나는 네가 너무 좋다."

주님이 내 안에 계신 것이 감사해서 콧등이 시큰거리며 울컥울컥 올라오는 뜨거운 눈물을 주체 할 길 없어 울고 또 울었다.

내 영은 주님께 감사의 고백을 했다.

"아빠! 아빠! 고마워요! 고마워요!"

큰 소리로 울다 새벽이 되어서야 잠이 들곤 했다.

성도들과 단체로 속리산 관광을 갔을 때의 일이다.

아름다운 가을 단풍을 보니 하나님 아버지의 솜씨가 놀랍고 감사했다.

산 속을 주님과 함께 걸으며 찬양을 하면서 오르고 하산 할 때도 어린아이처럼 행복해 하며 왕복 4시간 동안을 찬양하게 되었다.

내 속에서 주님이 말씀 하셨다

"내가 네게 찬송의 옷을 입혀 주었다."

예배시간에 찬양하기 싫어서 늦게 들어가던 때가 얼마나 많았던가?

입으로만 찬양했지 마음(영)으로 찬양을 해 보았는가?

"또 새 영을 너희 속에 두고 새 마음을 너희에게 주되 너희 육신에서 굳은 마음을 제하고 부드러운 마음을 줄 것이며."(겔 36:26)

주님이 변화 시키시면 옛사람이 새로운 사람으로 변화되었다.

새 사람으로 만들어진 것이었다, 나는 새 것, 새 사람이 되었다.

"이전 것은 지나갔으니 보라 새 것이 되었도다." (고후 5:17)

나는 새로운 피조물이 되었다. 만세!!!

어느 날 딸아이가 고열이 나면서 온 몸이 쑤시고 아프다면서 눈도 못 뜨고 새우처럼 몸을 구부리고 끙끙 앓는다. 그리고 계속 토했다. 너무 늦은 밤인데.

내 마음에 주님의 평안이 임하고부터는 어떤 문제가 닥쳐와도 당황하거나 조급해 하지 않는다. 왜?

그것은, 문제보다 크신 주님이 내 안에 계시기 때문이었다.

능력의 주님이 내 안에 계시기 때문이었다.

나를 돌보아 주시는 주님이 내 안에 계시기 때문이었다.

아파서 고통스러워하는 딸아이가 안쓰러워 주님께 기도했다.

"주님! 딸이 많이 아파요. 왜 그렇죠? 제가 어떻게 해야 하나요?"

주님은 내 기도를 들으시고 말씀해주셨다.

"내가 불로 역사 하리라!"

딸에게 다가가 왼손을 이마에 얹고, 오른손은 배에 얹고 방언으로 기도를 하는데, 딸이 사람을 미워하고 있다는 것을 가르쳐 주셨다.

딸에게 "너 사람을 미워하고 있느냐?" 물었더니 "직장에 미워하는 사람이 있다."고 고백했다.

"사람을 미워하면 하나님께서 사람을 지으셨기 때문에 하나님을 미워하는 것이다.”

사람을 미워하는 그 시간은 독약을 먹는 시간이라고 주님이 말씀하셨다.

딸아이에게 조용히 말해주었다.

“주님을 바라보지 않아서 그래! 주님 바라보면 주님의 마음이 네 마음이 되어 미워하는 사람도 이해하게 되고 용납하게 될 거야.”

성령님의 나타나심이 있으면서 어두움을 몰아내 주셨다.

한 시간쯤 지나면서 열이 내리고 몸도 회복시켜 주셨다.

딸을 더 낮아지고 겸손하게 하신 주님께 감사했다.

지금도 살아계셔서 역사하고 계신 주님이 고맙고 감사할 뿐이었다.

집 뒤에 작은 텃밭이 있었다. 그곳에 각종 채소를 조금씩 심었다.

그런데 텃밭에 가는 길에 뱀이 많으니 조심하라는 말을 여러번 들었다.

내가 정말 제일 싫어하는 동물이었다.

그곳을 지날 때마다 “주님! 뱀을 만날까 무섭습니다.”라고 주님께 말씀드렸다.

“내가 너와 함께하고 있는데 무엇이 무서워? 내가 네 안에 있잖아. 괜찮아.”

주님의 위로의 음성을 듣고 나는 주님께 다시 속삭이듯 말을 했다.

"그렇지요, 주님이 내 안에 계시지요, 감사 합니다."

무섭게 느껴졌던 텃밭 가는 길에 콧노래가 나왔다. 3년 4개월을 살면서 한 번도 뱀을 본 적이 없었다.

수저통이 없어 남편과 함께 시장에 갔다.

주인아저씨께 가격을 물어보니 3,000원 이라고 해서 만 원짜리 지폐 한 장을 꺼내 주었다. 거스름돈을 받고 한참동안을 걷다가 다른 물건을 사려고 거스름돈을 헤아려 보니 천원을 더 받은 것을 알게 되었다. 되돌아서 갖다 주려고 하니 너무 먼 거리를 와서 큰돈이 아니기에 그냥 쓸까 하는 생각을 했다. 그런데 마음이 편치를 않아 걸으면서 주님께 사실대로 아뢰었다. 주님께서 아무 말씀이 없으셨다. 양심의 가책을 받아 회개를 했다.

"아버지 죄송합니다. 제가 쓰려고 했는데 돌려드리겠습니다."

"그런데 지금 다시 되돌아가 갖다 드리기엔 거리가 너무 멀리 왔습니다. 다음에 시장 갈 때 꼭 돌려 드리겠습니다. 잠시 제가 나쁜 마음을 먹었었습니다."

그렇게 고백을 했을 때 주님의 음성이 들렸다.

"내가 다 안다. 내가 다 봤다."

주님의 음성을 들었을 때 나는 깨달았다.

주님 앞에 나는 늘 벌거벗은 자로 있으며, 나를 감찰하시고 내 마음을 언제나 보고 계신다는 것이었다.

며칠 뒤 시장가서 주인아저씨께 사실을 고하고 돈을 돌려 드렸다.

광주에 사는 여동생 집에 다녀오는데 장대비가 쏟아졌다.

고속도로에 차가 전복되어 여기저기에 사람들이 누워 있었다. 주님께 아뢰었다.

"주님 저것 좀 보세요, 사고가 많이 났습니다. 운전기사께서 운전을 할 수 없을 정도로 비가 많이 와요, 무섭습니다."

그때 주님께서는 나지막히 말씀하셨다.

"내가 네 안에 있는데 누가 내 새끼를 만져, 악한 자가 만지지도 못한다."

주님의 사랑의 음성을 듣고 눈물이 핑 돌면서 내 마음도 평안해 졌다.

속으로 찬양하고 오는데 벌써 대전 톨게이트에 도착 됐다.

"아버지 다 왔네요, 감사합니다."

딸이 야근을 하고 아침에 돌아왔다.

식사를 하는데 왼쪽 엄지손가락에 반창고가 감겨있었다.

"너 왜 다쳤니?"

"송곳에 깊이 찔렸어."

"그래?"

"많이 쑤시고 아파."

나는 설거지를 하면서 주님께 기도했다.

"딸이 송곳에 찔려 다쳤어요."

주님이 이렇게 응답해 주셨다.

"감사로 약을 발라주라!"

감사가 약 이라고 하셨다.

주님의 음성을 듣고 나는 감사의 기도를 했다.

"주님, 이만하게 다친 것 감사합니다. 앞으로 일상생활에서 연장을 쓸 때마다 주의하며 조심하게 하시니 감사합니다. 딸의 아픈 고통까지도 주님이 담당해 주셔서 감사합니다."

이가 쑤시고 아팠다. 토요일 늦은 시간이라 병원에 갈 수 없었다. 통증이 점점 더 심해지면서 부어오른다. 주님께 아뢰었다.

"지금은 토요일 늦은 시간이라 병원에 갈 수도 없습니다. 내일은 주일이니 병원이 쉽니다. 통증이 너무 심하고 아파서 못 참겠습니다. 어떻게 하죠?"

내 손이 주님의 손이 되어 만져 주셨다. 통증이 서서히 가라앉았다.

월요일이 되어 치과를 찾았다.

차례를 기다리는데, 수술복을 입은 의사선생님이 마스크를 쓰고 왔다 갔다 하는데 무서운 마음이 들었다.

"주님! 무섭습니다."

주님이 말씀하셨다.

"의사선생님을 바라보니까 무섭지 네 안에 내가 있으니까 나만 바라보라!"

내 차례가 되어 진료하는 의자에 앉아 주님을 바라보는데 두려웠
던 마음이 사라지고 평안이 찾아 왔다. 썩은 사랑니를 뽑고 의사선생
님이 약을 주었다.

약만 먹으면 소화가 되지 않아 약을 먹지 않는 습관이 있어서 주님
께 나의 사정을 아뢰었다.

"저 약 못 먹는 것 주님 아시죠? 염증이 생기지 않고, 피도 나지 않
도록 도와주세요. 그렇게 될 것을 믿고 감사드립니다."

약을 먹지 않았음에도 불구하고 깨끗이 아물었다.

나는 서른아홉 살이 되면서부터 죽음에 대하여 생각을 하게 되었
다.

겁이 많은 나는 죽음을 생각하면 무섭다. 부모님과 가까운 친척들
이 돌아가시는 것을 보았다. 육체를 땅에 묻든, 불에 태우든 나는 죽
음이라는 것이 무섭다.

'나도 언젠가 죽으면 내 육체도 저렇게 될 것인데.'

어느 날 주님께 진지하면서도 심각하게 주님께 기도했다.

"주님 나는 죽음이 무섭습니다. 내가 하나님 자녀이므로 당연히 천
국에 가는 것을 왜 모르겠습니까? 그런데 나는 내 육체가 땅 속에 묻
히거나 불에 태워지는 것이 무섭단 말입니다. 죽는 것이 무섭습니
다."

죽음에 대한 두려움에 대하여 주님께 기도했을 때 주님은 말씀해
주셨다.

“강선아! 죽음은 축복이다.”

“주님, 축복인 것 알지만 그래도 무섭단 말입니다.”

몇 달이 지나서 다시 죽음에 대하여 다시 두려운 마음이 생겨 기도했다.

주님은 죽는 것을 무서워하고 두려워하는 내 모습을 보고 안타까워하시며 주님은 천국에 대하여 말씀을 하셨다.

성경에 기록해 놓은 말씀을 주셨다.

천국이 얼마나 아름답고 행복한 곳인지를 깨닫게 되었으며, 또 내가 거처할 집에 대해서도 말씀해 주셨다.

죽는 것이 무서워서 벌벌 떠는 나에게 하나님 아버지는 말씀하셨다.

“이제 너는 나에게 와야 한다.”

“네 영혼을 강제로 빼앗아가는 하나님이 아니야”

“네가 죽기 전에 네 눈을 열어서 천국을 보여 줄 거야. 네가 그 천국을 보고 좋아서 ‘아버지 나 빨리 천국에 가고 싶어요!’라고 고백하는 마음으로 바꾸어서 데리고 갈 테니 걱정하지 마라.”

그 말씀을 들은 이후부터는 두려워하지도 않고 죽음에 대해 잊어버리고 살고 있다.

“주님! 겁 많고 연약한 나를 사랑해 주셔서 고마워요.”

3. 교통사고

어느 날 에베소서를 읽다가 사도 바울이 하신 말씀“믿는 우리에게 베푸신 능력의 지극히 크심이 어떤 것을 너희도 알게 하시기를 구하노라"(엡 1:19)을 붙잡고 주님께 기도했다.

"주님, 내 속에서 역사하시는 하나님의 능력이 얼마나 크고 놀라운지 알게 해 주세요."

이튿날도 그 말씀이 생각나 같은 내용의 기도를 3일 동안 계속 하게 되었다. 그리고는 잊어버렸다.

며칠 뒤 어느 날 고속도로에서 대형 트럭이 내가 타고 있는 차를 추돌하고는 우리 차는 그 트럭과 붙어서 굉음을 내며 몇 십 미터까지 끌려가다가 멈추었다. 트럭 운전자가 졸음운전을 한 것 같았다. 차선을 이탈하였고 앞서 달리는 우리 차도 못 보았다고 했다. 차에 타고 있던 사람은 다친 사람이 없었지만, 밖에 나와 망가진 자가용을 보고 모두 놀라워했다.

주님께서 지켜 주셨다.

주님께 기도하며 물었다.

"하나님 아버지 차 사고는 무섭습니다. 어찌 이런 일이 생겼나요?"

"네 속에서 역사하시는 하나님의 능력이 얼마나 크고 놀라운지 알게 해 달라고 하지 않았니?"

"내가 악한 자가 너를 만지지도 못하게 했다."

얼마나 놀랍던지, 나는 깜짝 놀랐다.

"아버지 다시는 이런 기도 하지 않겠습니다. 교통사고는 무섭습니다."

머리털 하나 상하지 않도록 보호하여 주신 주님께 감사 또 감사드렸다.

4. 믿음을 갖게 되었다

"너희가 믿음안에 있는가 너희 자신을 시험하고 너희 자신을 확증하라 예수 그리스도께서 너희 안에 계신 줄을 너희가 스스로 알지 못하느냐 그렇지 않으면 너희가 버리운 자니라.(고후 13:5)

주님께서 믿음 안에 있느냐고 물으셨다.

믿음은 보이는 것도 아니고 만져지는 것도 아닌데 믿음을 가지고 있느냐고 물으신다. 믿음 안에 있는 것이 어떤 것인가?

새벽기도 열심히 다니는 것이 믿음인 줄 알았다. 교회의 모든 행사와 예배에 빠짐없이 출석하는 것이 믿음인 줄 알았다.

여 선교 회장, 구역장, 교사, 성가대……. 직분이 높으면 믿음 안에 있는 줄 알았다.

교회에 가서 청소하고 식당 봉사 하는 것이 믿음인 줄 알았다. 교회에 가서 봉사하다가 집안사정으로 며칠 빠지면 믿음이 식었다고 회개하고 불안해하며 걱정을 했다. 집안 형편 때문에 교회에 자주 나오지 못하는 성도를 판단하면서 열심히 봉사하는 성도들과만 교제를 나누었다.

교회에서 잠을 자면 아버지가 90점은 준다고 해서 잘 보이려고 자주 철야해야 한다고 교회에 가서 자곤 했다. 새벽기도 열심히 다니면 건강축복 준다고 해서 새벽기도 열심히 하는 것이 믿음인줄 알았다. 예수님의 인격과 상관없는 삶을 살면서 내 행위로 믿음의 기준을 세웠던 것이었다. 내 열심으로 교회를 다닌 것이었다.

중요한 것은 내가 믿어야 한다는 것이다.

복음은 단순하게 믿음으로 살아야 되는 것을 깨닫게 되었다.

단순한 믿음으로 사는 것을 잊고 너무 오랜 세월동안 방황했던 것이었다. 내가 믿기 위해 어떤 일을 하는 것이 아닌데 '어떤 일'을 하려고 했다.

"어떻게 해야 주님의 일을 하오리까?"라고 청년이 예수님께 물었을 때, "하나님께서 보내신 이를 믿는 것이 주님의 일이니라 하시니라."(요 6:28-29)하셨다.

예수그리스도를 믿는 것이 주님의 일이라고 하지 않으셨는가?

그러면 예수그리스도의 무엇을 믿으라는 것인가?

예수님께서 십자가에 피 흘려 죽으셔서 내 죄를 사해 주신 것을 믿어야 했다.

죄 때문에 오는 저주를 담당하신 것을 믿는 것이었다.

채찍에 매 맞으셔서 내 고통과 질병을 치유하신 것을 믿어야 했다.

나의 허물과 연약함과 가난을 짊어지신 것을 믿어야 했다.

십자가에서 "다 이루었다!"하시고 운명하신 주님이 날 위하여 다 이루신 사건으로 받아 들여야 했다.

나는 너무 오랫동안 믿음으로 사는 것을 알지 못했기 때문에 방황했던 것이다.

하나님의 자녀로 구원 받는 데는 어려울 것이 없었다.

하나님께서 어려운 일을 십자가에서 다 이루어 놓으셨기 때문이다.

예수그리스도를 나의 구세주로 마음에 영접하고 하나님 아버지가 나의 아버지가 되신 것을 믿으면 되는 것이었다. 내가 믿기 위해서 어떤 일을 하는 것이 아니다. 믿음이 있기에 섬기는 것뿐이었다.

또한 말씀은 배워서 머리로 아는 지식이 아니다. 말씀을 잘 배워서 주님을 내 마음에 모시고 살아야 했다. 하나님의 말씀을 들어서 마음으로 믿는 것이었다. 주일을 거룩히 지키라고 하니까 주일을 지키려고 교회에 가는 것이 아니다. 안식일의 주인이 되신 예수님을 믿어야 되었다.

믿음 안에 있는 성도가 함께 모여 찬양하며 예배하며 교제하는 것이 아닌가? 헌금하면 물질로 복 준다고 해서 헌금하는 것이 아니다. 주신 은혜에 감사하여 드리고 섬기는 것이다. 예수님을 나의 구세주로 마음에 영접하고 하나님 아버지가 나의 아버지가 된 것을 믿으면 되는 것이었다. 2000년 전에 이미 십자가에서 "다 이루었다!"하신 예수님을 믿어야 복을 받을 수 있다. 믿음이 없이 행위로 복 받으려고 하니 지칠 대로 지쳐 예수 믿는 것이 무거운 짐이 되었었다.

그러면 진정한 복이 무엇일까?

은혜 받았다고 간증하면 거의 모든 사람들이 세속적으로 복 받은 간증을 많이 했다.

"하나님이 복 주셔서 사업이 성공하여 돈을 많이 벌어 부자가 됐습니다."

만약 이런 사람은 사업이 잘 되다가 실패하면 하나님이 어디 계시냐고 떠날 사람일 수 있다.

이런 간증을 듣는 가난한 성도는 자신은 하나님께 저주를 받아 가난하게 살고 있는 것 같이 느껴져 기가죽고 간증하는 사람을 부러워하며 자기 하고는 거리가 멀리 떨어져 있는 것 같이 느낀다.

자녀가 좋은 직장을 다니고 일류대학에 들어갔다고 간증하는 사람들도 많이 본다.

이런 것들이 인생의 성공이라면 예수 믿지 않는 사람도 더 건강하고 부자로 출세한 사람들이 얼마든지 있다.

과연 예수님께서 죽으러 오신 목적이 이 땅에서 출세하고 부자 되게 해 주려고 죽으셨는가?

믿음의 기준을 세상에서 잘 사는 것이 복이라고 세운다면 하나님 아버지의 심정을 전혀 모르는 것이다. 하나님 아버지는 이 세상에서 내 영혼이 하늘의 영광을 누리는 간증을 기뻐하셨다.

세상을 사랑하던 내가 "주님의 사랑을 알게 되었어요! 내가 변화되었어요!"라고 간증하는 것을 주님은 기뻐하신다.

내가 가난하든 부자이든 초막이나 궁궐이나 내 마음이 하늘나라가 이루어진 삶을 기뻐하신다. "주님 때문에 기뻐요! 행복해요! 감사해요!"라고 고백하며 영혼이 잘되는 복을 받아 사는 것을 하나님은 기뻐하신다.

하나님이 바라시는 복된 삶은 먼저 영혼의 복을 원하셨다.

영혼의 복을 받을 때 범사가 잘되어 형통의 복을 받는 것이고 강건해 진다고 하시지 않았는가?

그동안 나는 단순한 믿음을 가지고 내 안에 계신 주님을 바라보지 않았다. 하나님을 믿는 것보다 더 하나님을 기쁘시게 할 수 있는 것은 없는데, 나의 행동으로 뭔가를 하려고 했다.

"믿음이 없이는 하나님을 기쁘시게 할 수 없느니라."(히 11:6) 고 하셨는데, 나는 내가 주님을 위해 뭔가를 해야될 것 같은 생각을 했었다.

또한 성령님을 마음속에 모셔놓고도 죽은 나사로를 꽁꽁 묶어 놓은 것처럼 꼼짝 못하게 했다.

이젠 주님을 내 안에서 풀어 마음껏 다니시며 일 하실 수 있도록 단순한 믿음을 가지고 있어야 했다. 내 입을 쓰시어서 주님이 하시고 싶어 하시는 말씀을 하시게 하고, 내 눈을 쓰시어 주님이 보시고, 내 손을 쓰시고, 내 의지, 감정 아니 세포까지도 내 몸의 모든 것을 쓰실 수 있도록 주님께 드려야 했다.

또한 믿는다는 것은 바라보는 것이며, 의지하는 것이며, 살아계셔서 내 안에 계심을 인정하는 것이었다.

하나님을 믿는다고 예배하며 봉사하며 주님을 섬긴다고 열심히 교회를 다니면서 내 마음 속에 계신 하나님을 외면하면 슬퍼하시고 고독해 하시는 것을 깨닫게 되었다.

믿는다고 하면서 마음으로 영접하지 않았다. 의지하지 않았다.

주님께서 말씀하셨다.

"내가 올 때 참 믿는 자를 보겠느냐?"

"내 이름으로 귀신을 내 쫓고 선지자 노릇하며 능력을 행하여도 나는 너를 알지 못 한다."라고 말씀하실 수 있다고 경고하시면서 책망하시지 않았는가?

예수님의 이름으로 귀신을 내쫓고 능력을 행하였는데 왜 주님이 알지 못한다고 하셨을까?

내가 기도해서 능력을 받아 일하려고 하기 때문에 주님이 기뻐하지 않는 것이었다. 내가 일하려고 하는 자리에 성령님이 일 하실 수 있도록 의탁하고 나의 중심을 내어 드려야 성령께서 일하신다.

내가 일 하는 것이 아니라 성령님이 일 하셔야 된다.

하나님 보시기에 선한 일이라 할지라도 내가 하려고 하면 기쁨과 감사와 평화가 없었다.

성령의 열매가 없고 육의 열매만 맺었다. 나는 오직 성령님의 도구로만 사용되고, 그분이 귀신을 내쫓고 능력을 행하셔서 그분이 영광을 받으실 수 있도록 성령님께 온전히 의지해야 했다. 그분이 나를 쓰실 때 쓰임 받게 된 것으로 감사할 뿐이었다.

"나 같은 것 주님이 쓰시니 감사합니다! 아버지 영광 받으소서."하고 겸손해 지면서 기쁨이 충만해졌다.

나는 없어져야 되었다. 나는 죽었다. 오직 내 안에 성령님만이 좌정 하시어서 나의 주인이 되시며 왕이 되셔야만 했다.

"이제는 내가 사는 것이 아니요, 내 안에 주님이 사 신다."고 사도 바울이 고백했고, "내 몸은 내 몸이 아니고, 나를 위해 십자가에서 죽으신 예수 그리스도를 믿는 믿음으로 사는 것이라."고 했다.

거듭난 하나님의 자녀라고 하면서도 주님의 몸을 내 몸으로 알고 사는 사람들이 많다. 나도 그렇게 살았었다. 내가 먹고 내가 일하고 내가 잠을 자면서 주님과 같이 살았다고 한다면 주님은 기뻐하지 않으신다. 그것도 모르고 더 잘 믿고 더 복 받기 위해서 봉사하고 기도하고 지옥 갈 것 같아 회개하고 생각나지 않는 죄까지도 생각나게 하시어서 회개하게 해 달라고 울고 애원하고, 그것도 모자라 금식했다.

그럼에도 불구하고 마음 한구석에선 생각나지 않은 죄로 저주와 지옥 갈 것 같아 무서웠다.

"네가 만일 네 하나님 여호와의 말씀을 순종하지 아니하며 내가 오늘 네게 명령하는 그의 모든 명령과 규례를 지켜 행하지 아니하면 이 모든 저주가 네게 임하여 네게 이를 것이니"(신 28:15)라고 성경에 기록되어 있기 때문이었다. 내가 노력해도 나는 하나님의 영광에 이룰 수가 없었다.

내가 나의 머리로 생각하는 것은 긍정적인 생각보다 부정적인 생각을 더 많이 했다.

나의 눈으로는 사람을 바라보고 환경을 바라보고 세상을 바라보며 살았다.

입으로는 남을 칭찬하는 말보다 허물을 들춰내고 정죄하고 판단했다.

육신을 입고 사는 나는 오히려 죄짓는 능력이 탁월하다는 것도 깨닫게 되었다.

결국은 내가 노력해도 하나님의 영광에 이룰 수 없기 때문에 내 죄를 사해주신 예수님이 더욱 귀했다.

하나님 아버지의 사랑과 자비와 긍휼과 선물로 아무런 대가를 치루지 않고 하나님의 자녀가 된 것에 감사했다. 구속함을 받으려고 아무 노력도 하지 않았음에도 불구하고 믿기만 하면 거저 죄 사함 받고 하나님의 자녀가 된 것이 감사할 뿐이었다.

오늘도 그 은혜가 고맙고 감사해서 눈물을 흘린다.

주님 앞에 가는 그날까지 나를 구원해 주신 그 은혜와 사랑을 어찌 잊을 수가 있을까?

믿음으로 내 죄가 사해졌다니 놀랍지 않은가? 전적으로 오직 하나님의 은혜와 선물이었다.

믿을 때 생명을 얻게 되고,

믿을 때 순종하고 싶은 마음이 생기고,

믿을 때 세상을 이길 수 있는 힘이 생기고,

믿을 때 삶의 기쁨을 얻게 되고,

믿을 때 기도응답을 받게 되는 것이다.

즉 단순한 믿음으로 주님께 나아가면 된다.

“네 믿음대로 될 지어다.”라고 하셨음에도 불구하고 믿는다고 하면서 예수님의 능력을 믿지 않았다.

치유의 주님이시라는 것을 알면서 치유 자이신 능력의 주님을 믿지 않고 의사선생님만 의지했다. 나를 돌보아 주시는 주님이라는 것을 알면서도 외면하고, 환경을 바라보고, 문제보다 크신 주님이시라는 것을 알면서도 문제를 바라보면서 근심하며 염려했다.

나는 능력의 주님을, 사랑의 주님을 믿어야만 했다.

문제는 믿음을 갖고 살기 원하지만 육신을 입고 사는 나는 믿음이 없었다.

주님께서 말씀하시듯 우리에게는 겨자씨 한 알 만큼의 믿음도 없다는 것이다. 내 믿음이 아닌 주님이 주시는 믿음이 있어야 했다.

믿음이 없는 것을 인정하고, 회개하며 믿음을 가지고 살 수 있도록 도와달라고 기도하면 주님께서 도와주셨을 텐데. 믿음이 없이 살면서도 자신을 보지 못하고 믿음으로 사는 것으로 착각하여 위선자로 사니까 주님이 도와주실 수가 없었다.

마귀는 자신을 보지 못하도록 마음의 통찰력을 빼앗고, 눈을 가리고, 미혹 시킨다.

누구나 회개하고 믿음으로 출발해야 한다.

예수님도 자기 백성들에게 "회개하고 복음을 믿으라."고 하셨다.

회개가 무엇인가?

본 교회에서 부흥집회가 1년에 두세 차례씩 있었다.

강사 목사님께서 첫날은 거의 회개에 대하여 설교를 하셨다.

"회개하라! 회개하라!"라고 외치셨다.

몇 년 전에 잘못해서 회개했는데 아직 용서를 안 해 주셨나 생각하며 울고 불고 허공에다 대고 용서를 구했다. 몇 달이 지나서 부흥집회가 있었다. 다른 강사목사님이 오셔서 또 회개하라고 외치셨다. 이렇게 회개하라고 외치실 때마다 무슨 회개를 해야 될지 몰라 생각해도 떠오르지 않았다.

몇 달 전에 다른 강사분이 오셔서 회개하라고 외쳤을 때 회개했던 것을 예수님이 용서해 주지 않으셔서 또 회개하라고 하시는 것인가? 다른 성도들은 간절히 울면서 용서의 기도를 하고 있었다. 그래서 나도 지난번에 회개했던 것을 용서 해 달라고 또 간구했다.

나는 도덕적인 죄만 죄로 생각했었다.

이것은 회개가 아니다. 하나님 아버지의 뜻과는 거리가 멀다.

주님이 원하시는 진정한 회개에 대해서 생각했다.

세상을 사랑하던 내가 예수님께로 돌이키는 것으로 육신의 생각이 강한 나를 보고 애통하는 것이었다. 내 중심으로 살던 것을 예수님 중심의 삶으로, 육신의 정욕대로 살던 것을 성령님의 인도를 받는 삶으로, 율법으로 살던 것을 복음으로 사는 삶으로, 돌이키는 것이 참다운 회개라는 것을 깨달았다. 그렇게 살지 못한 나의 모습을 보고 애통해 하는 것이며 성령님의 도움을 간구하는 것이 진정한 회개라는 것을 알게 되었다.

기독교는 복을 받기 위해 '지성이면 감천'이라는 속담처럼 신에게 빌어서 신의 마음을 감동시켜 복을 받는 종교가 아니라는 것을 깨닫게 되었다. 하나님 아버지의 사랑과 예수님의 공로 그 은혜로 사는 종교, 즉, 값없이 거저 받는 은혜의 종교다. 예수 그리스도를 믿어서 복을 받는 종교다.

내가 믿기 위해서 어떤 일을 하는 것이 아니다.

하나님께서 평화와 기쁨과 안식을 주심에 있어 나에게 무거운 짐을 지우시는 분이 아니다. 모든 것을 거저 주시기에 감사하여 찬양하고 섬기는 것뿐이다.

믿음이 없는 내 모습을 발견하고 애통해 하며 회개할 때, 성령님의 도움을 받아 믿음으로 살고 있는 자신을 보면서 스스로 놀라고 감사했다.

믿음으로만이 주님을 기쁘시게 할 수 있고, 믿음으로 천국가고, 믿음으로 마귀를 이기고, 믿음으로 세상도 이기고 믿음으로, 오직 믿음으로만이 그리스도인의 삶을 살 수 있다. 그렇다, 기독교는 믿음으로부터 출발해야 되었다.

믿음이란 예수님께서 누구도 아닌 오직 나를 위해 이 땅에 오셔서 나의 죄 때문에 죽으시고, 부활하시고, 다시 오실 것을 약속하신 주님을 바라보는 것이다, 의지하는 것이다, 믿는 것이다. 오늘도 내일도 주님 앞에 가는 그날까지 분, 초마다 주님을 사모하며 의지해야 되었다.

믿는다고 열심히 교회는 다니지만 내 중심으로 산다면 아무런 의미도 없다.

내 능력, 내 지혜, 내 생각, 내 뜻대로 살았다. 그러다가 실패하고 좌절하고 절망했다. 그러다가 나는 사랑이 없기에 사랑이 많으신 주님을 의지했다. 능력과 지혜와 지식이 부족하기에 능력과 지혜와 지식이 충만하신 주님을 의지해야 했다.

5. 사랑이 보약이다

우리 안에 계신 성령님은 여러 가지 일을 하시지만 특히 하나님 아버지의 사랑을 알게 해 주시는 영이시다. 태어나면서부터 부모의 사랑을 받지 못하고 자란 나는 성격이 삐뚤어지고 모가 많이 나 있었다. 부모에게 사랑을 많이 받은 자가 사랑 할 줄도 안다는 말을 많이 들었다. 부모에게 사랑을 많이 받고 자란 사람이 다른 사람에게 사랑을 줄 수 있다는 것은 당연했다. 그러나 그런 사랑은 자기 사랑이지 주님의 사랑은 아니다.

나에게 친절을 베푸는 사람을 사랑한다는 것은 불신자도 할 수 있다.

원수까지도 사랑하라는 주님의 사랑은 인간의 사랑으로는 불가능한 것이다.

인간의 사랑에는 한계가 있다.

"사랑은 오래참고 온유하며 시기하지 아니하며 자랑하지 아니하며 교만하지 아니하며 무례히 행치 아니하며 자기의 유익을 구치 아니하며 성내지 아니하며 악한 것을 생각지 아니하며 불의를 기뻐하지 아니하며 진리와 함께 기뻐하고 모든 것을 참으며 모든 것을 견디느니라." (고전 13:4-7)

죄 성을 가진 우리 인간은 아버지가 원하는 사랑과는 거리가 멀다.

사랑도 없는 사람이 성령님의 도움을 받아 다른 사람을 섬기며 사랑한다는 것은 주님의 사랑이지 내 사랑은 아니다.

오늘도 내 안에 계신 성령님을 의지하며 기도하는데 하나님 아버지의 사랑을 내 마음에 쏟아 부어 주셨다.

"암사슴 같고 노루같이 어여쁜 내 새끼, 내가 너를 사랑한다."

"내가 네 안에 있다."

아가서에 기록된 말씀을 하시며 하나님 아버지의 사랑으로 내 마음을 채워주셔서 나는 아버지의 사랑에 감격하여 천하고 무능한 나를 사랑했다고 예쁘다고 기뻐하시니 고맙고 감사하여 눈물만 솟구쳤다.

어찌 나에게 이런 은혜를!
어찌 나에게 이런 사랑을!

기도 할 때마다 하나님 아버지 사랑을 마음속에 부어주시는 은혜로 살다보니 새 아버지와 이복동생과의 불편한 관계가 떠오르면서 사랑이 없는 내 모습을 보게 하셨다.

어머니께서 두 번째 재혼하셔서 낳은 남매가 있었다.

낳으시고 길렀으니 어머니가 그들에게 쏟는 애정이 지극했다.

부모자식 관계라도 직접 기르지 않으면 그렇게 애틋한 정은 없는 듯 했다.

어머니는 나를 볼 때마다 불쌍한 자식이라고 말씀하시지만 편애를 하셨다.

이복동생들에게 주는 정성과 사랑은 이루 말을 할 수가 없었다.

내가 질투가 날 정도였다.

동생들이 어렸을 때는 나와 부딪치는 일이 별로 없었다. 각자 결혼을 하게 되면서부터 어머니는 온갖 간섭을 하셨다.

두 동생에게는 무조건적인 헌신을 하시면서 나에게는 얼마나 냉정하신지, 언제나 그렇게 느꼈다. 몸이 아파 내 몸 하나를 감당하지 못해서 남편의 아내로, 두 아이의 엄마로 도리를 다하지 못해 미안

한 마음 금할 길이 없는데, 어머니는 결혼한 두 동생을 돌보지 않았
다고 책망 하시고 화를 내며 짜증만 내셨다.

어느 날 전화가 왔다.

이복동생들 문제로 어머니가 분노하시는데 나는 큰 충격을 받았
다. 그 일로 나는 신경 정신과 치료를 받으며 오랫동안 맥을 못 추었
다. 의사선생님과 상담을 하면 신앙을 가져서 다행이지 그렇지 않은
사람 같았으면 정신 분열증이 왔을지도 모른다고 했다.

하루 종일 어머니로 인해 섭섭하고 야속했던 일들이 생각나서 지
워지질 않아 너무 괴로웠다. 너무 서러웠다. 가슴에 시퍼렇게 멍이
들었다는 표현이 나를 두고 하는 말 같았다. 내 몸 하나 추스르지 못
하는 나에게 호통만 치시는 어머니가 야속하기 그지 없었다. 그들
때문에 흘린 눈물을 모으면 강물이 되었으리라.

어느 날 어머니 때문에 분하고 억울하고 괴로웠던 아픔과 고통을
생각나는 대로 낱낱이 주님께 아뢰었다.

"주님, 자식들을 편애하시며 상처만 주는 어머니가 이해되지 않습
니다. 용서가 되지 않습니다. 부모를 공경하라고 하신 주님이 내 안
에 계시지만 공경이 안 됩니다. 하나님 아버지는 악한 것을 생각하지
않는 것이 사랑이라 하셨는데 나는 어머니가 섭섭하고 야속한 생각
만 듭니다. 나를 힘들게 하고 상처만 주는 분을 어떻게 공경하라고 하
십니까? 어머니께서 나에게 잘 대해 줄 때도 있었겠지만 상처 받은
것만 생각나 괴롭습니다. 부모 공경해야 된다는 하나님 아버지의 말

108

씀을 거역할 수 없어 자주 찾아뵙다 보면 상처를 더 받아 집에 돌아와 눈물만 흘립니다. 저는 공경해야 될 어머니를 미워하고 원망하고 불평만 하게 됩니다. 잘 대해 보려고 노력해 보아도 죄 성을 가진 나는 공경이 안 됩니다.”

나는 주님께 계속해서 나의 마음을 털어놓았다.

“이복동생들이 가까운 친척 분들에게 ‘저 까짓게 무슨 누나야 저 까짓게 무슨 언니야 남보다도 못해요.’라고 따돌림을 하는 말을 전해 들었습니다. 나는 슬프고 외롭고 서운한 마음이 생겨서 더 이상 만나기도 싫습니다. 이제는 더 이상 못 참겠습니다. 사랑되시는 주님이 내 안에 계시는데 사랑하지 못해서 정말 미안합니다. 사랑할 수 있는 능력이 제겐 없습니다. 나는 이런 사람입니다. 이 것 밖에 안 되서 죄송합니다. 이제는 부모 형제들로 인해 더 이상 고통 받고 싶지 않습니다. 괴로워하고 싶지 않습니다. 어머니의 마음이 변화되지 않으면 왕래하지 않겠습니다. 아버지도 제 입장 한번 돼 보세요. 제 맘 알아요? 제 맘 모르세요?”

떼를 쓰고 울면서 내 안에 계신 주님께 몇 시간 나의 마음을 쏟아내며 기도했다.

“주여 나를 불쌍히 여겨 주시옵소서.”라고 기도하는데, 주님은 나에게 “2000년 전에 이미 나는 너를 불쌍히 여겼단다. 이제 나는 너를 불쌍히 여기지 않고 사랑한단다. 강선아!”라고 말씀 하셨다.

나의 기도를 다 듣고 계신 주님이 말씀하셨다.

“너의 어머님 집에 가지마라!”

나는 그 순간 너무 놀랐다.

“원수까지도 사랑하라!”는 주님께서 “가지 말라!”고 말씀 하시니 의심이 생길 수도 있었다. 하지만 영 분별하는 은혜를 주셨기에 성령님이 아닌 다른 영이라고 생각하지는 않았다. 어머니 집에 “가지 말라”고 하신 말씀이 이해가 되지 않았지만 주님의 음성을 듣고 어머니와의 왕래를 끊었다.

주님께서 가지 말라 하신 말씀을 기억하고 있으니까 용기가 생겼다. 처음에는 해방을 얻은 것 같은 기쁨이었다. 주님께서 내 마음을 알아주시는 것 같았기 때문이다. 결혼 30년이 넘는 세월에 처음 있는 일이었다.

어머니를 자주 찾아뵙고 전화를 하던 행동을 멈추고 어머니가 그립고 생각이 날 때마다 중보기도만 했다. 그렇게 어머니와 왕래를 끊고 지낸지 1년쯤 되었을 때였다.

청주에서 살고 있을 때 였는데, 대전에 계신 목사님께서 자기교회에서 집회가 있다고 초청을 하셨다. 은혜 받으려고 버스를 타러 가기 위해 터미널을 향해 걷고 있었다.

내 안에 주님이 계신 것이 인정이 되면서 부터는 집에 있을 때에든지, 길을 걸을 때에든지 무엇을 하든지 이제는 혼자 걷지 않고 주님과 함께 걷는 습관이 생겼다. 은혜 받기위해 대전에 주님과 함께 가는 것을 감사드리며 길을 걷는데 내 안에서 주님이 말씀하셨다.

“강선아 네가 자식을 더 사랑하니 자식이 너를 더 사랑하니?” 질문하셨다.

"당연히 제가 어머니이기 때문에 제가 자식을 더 사랑하지요!"라고 대답했다.

"그래 맞다."

"네가 어머니이기 때문에 자식이 너를 사랑하는 것 보다 네가 자식을 더 사랑하듯이 너의 어머니도 네가 어머니를 사랑하는 것보다 어머니가 너를 더 사랑한단다."

"네가 먼저 어머니를 찾아뵈면 안 되겠니?"

주님께서 부드럽고 따스한 음성으로 달래듯이 간청을 하셨다.

나는 주님의 말씀에 깜짝 놀랐다.

어머니 집에 "가지 말라"고 하셔서 잊어버리고 1년 동안 편하게 지내 왔는데 "나 보다 어머니가 나를 더 사랑하고 있다."고 하시며 "어머니를 찾아가면 좋겠다."고 하시니 두렵기도 하고 걱정도 되었다. 어머니가 돌아가실 때까지 찾아뵙지 않아도 되는 줄로만 알았다.

나는 주님께 아뢰었다.

"주님이 어머니에게 가 보라고 하시면 가보겠습니다. 그런데 주님과 약속 할 것이 있습니다. 몇 월 며칠에 찾아뵙겠는데 전화 드리지 않고 가겠습니다. 어머니에게 찾아뵙겠다고 먼저 전화를 드리면 제가 가는 동안 어머니는 나에게 할 말을 궁리 하셔서 제가 상처 받을 것 같아서입니다. 그런데 전화를 드리지 않고 먼 길을 가는데 어머니가 집에 안계시면 어떻게 하지요?"

주님께 나의 속마음을 다 아뢰면서 질문을 했다.

주님께서 내 질문을 들으시고 기뻐하시며 말씀을 하셨다.

"걱정하지 마라 내가 다 알고 있다."

계속 길을 걸으면서 주님과 약속을 했다.

"어머님 꼭 찾아뵙겠습니다."

주님과 약속한 날짜에 딸과 같이 어머니에게 가려고 했는데 전날 아들이 서울에서 내려 왔다. 평소에 아들은 할머니를 찾아뵙지 않는 것을 못마땅하게 생각하며 나에게 엄마가 잘못하고 있다고 야단만 쳤었다. 그럴 때마다 아들이 내 마음을 이해하지 못하는 것 같아 섭섭한 생각이 들었었다. 이런 아들을 데리고 같이 갈 마음이 아니어서 딸하고 둘이서 어머니에게 가려고 했다.

"너는 집에 있고 오늘은 동생과 함께 할머니 댁에 다녀올게!"

그러나 아들은 자기도 같이 가고 싶다고 했다.

마음에 내키지는 않았지만 세 식구가 같이 어머니에게 가게 되었다.

운전하던 딸이 말했다.

"엄마, 할머니한테 전화하지 않고 가서 안 계시면 어떻게 해?"

딸이 걱정스러운 표정을 지었다.

나는 딸에게 "걱정하지 마, 주님이 알고 계시니까 걱정하지 않아도 돼!"라고 대답했다.

어머니 집에 도착했을 때 어머님은 평소와 달리 현관문도 잠그지 않고 거실에 홀로 앉아 계셨다.

어머니는 새 아버지와 혼자 지내시는 이모님과 함께 세분이 살고 계셨었다. 어머니는 1년 만에 찾아온 나를 보고 놀라시며 내 가슴에 얼굴을 묻고 통곡을 하셨다.

"강선아 너에게 상처를 많이 주어서 미안하다. 너를 아프게 해서 미안하다. 나를 용서해다오!"

어머니가 나에게 상처를 많이 줘서 미안하다는 그 말씀에 깊은 상처로 멍들고 한 맺혀 있던 내 가슴은 봄 눈 녹듯이 녹아 내렸다. 맺혀 있던 마음들은 어디로 사라졌는지 어머니와 나는 부둥켜안고 같이 울었다.

주님께서는 어머니와 왕래를 끊고 지낸 일 년의 시간동안 어머니의 마음과 내 마음을 바꾸어 주셔서 사랑으로 화해하며 용서받고 용서할 수 있도록 역사하신 것이었다. 어머님에 대한 무서움과 미움, 원망으로 가득 찼던 내 마음에 주님의 긍휼과 사랑이 생긴 것이었다.

"어찌 나에게 이런 은혜와 사랑을 주시나요? 주님의 은혜요 자비요 사랑이십니다."

여리고 성보다 더 큰 성이 나와 어머니 앞에 있었는데, 내 마음에 쌓였던 원망과 미움과 한의 여리고 성이 무너져 내렸다.

그동안 어머니는 내가 너무 보고 싶어 전화를 걸어 목소리만 듣고는 끊고 하셨단다. 꿈도 여러 번 꾸셨다고 했다. 부모가 자식을 더 사랑한다는 주님의 말씀이 생각났다.

어머니를 찾아뵙고 청주 집으로 돌아 왔는데 새 아버지에게서 전화가 왔다. 어머니가 담낭암 이라 하시며 6개월 밖에 못 사신다고 했다. 이 사실을 어머니는 모르고 계신단다. 암이란 소리를 듣는 순간 힘이 빠지고 몸이 떨리며 슬픔이 몰려왔다.

주님께 기도했다.

"주님 어머니가 담낭암 이랍니다. 주님 어떻게 해야 하나요?"

주님께서도 어머니를 사랑한다고 하셨다.

"염려하지 마라."

주님께서 어머니를 온유하고 겸손하게 낮추실 것이라고 하셨다.

"어머니가 너무도 교만하여 이 방법이 아니고서는 어떻게 할 수가 없었다."

어머니께서는 주님보다 자식을 더 사랑하셨고 자식이 우상이 되어 있었다. 그래서 주님께서 낮추시는 것이었다.

불쌍한 우리 어머니!

주님은 "참새 한 마리도 하나님 허락 없이는 땅에 떨어지지 않는다."고 말씀하시면서 "내가 참새의 생명이 귀해서 성경에 기록해 놓은 것이냐? 사람의 생명을 더 귀하게 여긴다."고 말씀하셨다.

주님의 음성을 듣고 기뻐서 나는 기도했다.

"어머니가 하나님 아버지께 영광이 될 수 있도록 인도 해 주세요."

성령님께서 어머니를 돌보아 줄 것을 믿고 감사를 드렸다.

죄책감 때문에 기가 죽어 큰 소리로 웃음 한번 크게 웃어 본 적이 없었다는 어머니, 지은 죄가 너무 커 천국에 갈 자신이 없다고 말씀하시는 어머니였다.

신앙생활을 하면서 권사의 직분도 받고 열심히 교회에 다니시는 분이 천국에 갈 확신이 없다고 하시니 예수님이 누구의 죄 때문에 피 흘려 죽으셨단 말인가?

죄가 너무 커서 지옥 가는 것이 아니라, 내 죄를 사하여 주신 예수님을 믿지 않기 때문에 즉 회개하지 않기 때문에 지옥 가는 것이다.

그때까지 믿음을 가지고 살지 않는 어머님의 영혼이 불쌍해서 복음을 전하기 위해 집으로 모시고 왔다.

"내가 지은 죄가 너무 크다."

풀이 죽어 계신 어머니에게 예수님께서 유대를 떠나 갈릴리로 가시는 도중에 사마리아를 지나가시다가 물 길러온 여자를 만나 대화하시는 '우물가의 여인'에 대해 말씀드렸다.

"예수님은 사마리아 여자에게 말씀하셨어요. '가서 네 남편을 불러 오라.' 그 말씀을 들은 그 여인은 예수님에게 '나는 남편이 없나이다.' 라고 예수님에게 거짓말을 했습니다. 그 여자는 다섯 번째 남편과 살다가 헤어지고 지금은 여섯 번째 남편과 살고 있다는 것을 알고 계시면서도 '네가 남편이 없다는 말이 옳도다. 너에게 다섯 남편이 있었고 지금 있는 남편도 네 남편이 아니니 네 말이 참되도다.' (요 4:16-18)라고 말씀하였어요. '주님이 우물가의 여인에게 왜 남편이 없다고 말씀하셨을까요? 이것은 여러 남자와 살았고, 지금도 한 남자와 살고 있지만 진정한 그 여인에게 남편은 없다는 말이에요. 이것은 예수님만이 진정 이 여인의 참 남편이라는 것이지요.

어머니도 두 번 재혼 하셨지만 어머니의 참 남편은 예수님 이십니다. 예수님을 영접하시고 믿어야 합니다."

어머니는 놀라시면서 말씀하셨다.

"예수님이 정말 내 참 남편이란 말이냐?"

어머니는 계속 눈물을 흘리셨다.

회개하신 어머님은 갑자기 얼굴이 환해지시면서 기뻐하셨다.

"우리는 이 땅에 살면서 신부단장을 해 신랑 되시는 예수님을 만나는 것 이지요. 회개하고 복음을 믿어야 합니다."

권사이면서도 죄로부터 자유를 누리지 못했던 어머니는 회개하시고 예수님이 어머니의 참 남편이 되셨다는 새로운 사실 앞에서 기뻐 하시며 감사로 하나님 아버지께 영광을 돌리셨다. 이튿날 어머니에게 다리 운동 시켜 드리기 위해 집 옆에 있는 소나무 숲으로 모시고 들어갔다.

큰 원을 그리면서 어머니와 함께 빠른 걸음으로 걷는데 내 속에서 영찬양이 터져 나왔다. 방언으로 찬양을 했다.

나 이제 주님의 새 생명 얻은 몸
옛것은 지나고 새 사람이로다.
그 생명 내 안에 강같이 흐르고
그 사랑 내게서 해같이 빛난다.
새 생명 얻은 자 영생을 맛보니
주님을 모신 맘 새 하늘이로다.
영생을 맛보며 주 안에 살리라

손뼉을 치며 날아 갈 것 같은 가벼운 몸동작으로 춤을 추며 기뻐서 찬양하는 내 모습을 보고 어머니가 말씀하셨다.

"강선아 너의 방언 찬양이 어찌 그리 아름다운지 듣기에 너무도 좋구나!"

어머니도 어린아이처럼 되어 나를 따라서 흥얼흥얼 찬양을 하셨다.

"주님 고마워요, 주님 감사해요."

어머니와 나는 기뻐하며 찬양했다.

다리운동을 시켜드리고 집으로 돌아온 나는 편찮으신 어머니에게 목욕을 시켜드리고 싶은 마음이 생겼다. 내가 어머니를 목욕시켜드리고 싶다는 생각은 처음이었다. 내 안에 계신 주님께 감사를 드리면서 욕조에 물을 받고 있는데 주님이 말씀을 하셨다.

"강선아 어머니에게 하는 것이 나에게 하는 것이야."하시면서 기뻐하셨다.

어머니 목욕시켜드리는 것이 주님을 목욕시켜 드리는 것이란다.

성경에 "내가 주릴 때 너희가 먹을 것을 주었고, 목마를 때 마시게 하였고, 나그네 되었을 때 영접하였고, 헐벗었을 때 옷을 입혔고, 병들었을 때 돌아보았고, 옥에 갇혔을 때 와서 보았느니라."(마 25:36)라고 하신 말씀이 생각났다. "내가 진실로 너희에게 이르노니 너희가 여기 내 형제 중에 지극히 작은 자 하나에게 한 것이 곧 내게 한 것이니라."(마 25:40)

성경에 기록된 말씀이 내 삶속에서 이루어지니 감사할 뿐이었다.

믿음으로 행하는 모든 것이 주님께 한 것임을 깨닫게 하셨다.

무슨 일이든 주님 안에서 섬길 때 마다 "나에게 하는 것이야. 고맙다!"고 하시며 기뻐하셨다.

회개하신 어머니는 나에게 말씀하셨다.

"너는 어려서부터 하나님이 사랑하는 딸이었다는 것을 내가 안다. 내 속에서 난 딸이라는 것이 자랑스럽다. 나는 우리 교회 목사님이 누구의 신앙을 본받고 싶으냐고 물으시면 내 딸의 신앙을 본받고 싶다고 했단다."

나는 어머니의 말씀을 듣고 주님께 감사를 드렸다.

"나의 나 된 것은 주님의 은혜지요. 주님 영광 받으소서."

어머니가 입원을 하게 되었다. 식사만 하면 답답해하며 고통스러워 하셨다. 의사선생님은 위에서 장으로 통과하는 통로를 암 덩어리가 막았다고 하며 돌아가실 때까지 물도 드시면 안 된다고 했다. 수술도 할 수 없단다.

그래서 어머니는 영양주사로 생명을 이어가고 있었다.

나는 주님께 기도했다.

"어머니가 아무것도 못 드시고 말라서 죽어 가는 것을 자식인 나는 볼 수가 없습니다."

나는 고백하고 울면서 기도했다.

이튿날 놀라운 일이 일어났다.

물도 마실 수 없었던 어머니가 식사를 하고 용변도 보게 된 것이었다.

통증도 없으시다고 했다.

참으로 신기하고 놀라웠다.

정성을 다해 간병을 하시는 새 아버지에게 고맙고 감사했다.

몇 달 동안 병원에서 누워계신 어머니는 눈뜨고 볼 수 없을 정도로 야위어 그 모습을 보는 나는 가엽고 불쌍해서 눈물만 났다.

나는 주님께 울며 기도했다.

"어머니가 너무 가엽고 불쌍해요, 차마 눈 뜨고 못 보겠어요."

주님께서는 말씀하셨다.

"강선아 왜 우니? 나는 기쁘고 좋은데 울지 마라!"

어머니가 병상에서 주님만 바라보시며 천국의 소망을 가지고 계신 것을 주님도 아신 것이었다.

청주에서 대전까지 몇 달 동안 이 삼일에 한 번씩 병원으로 찾아가 뵈었다.

하루는 어머님이 "이상한 꿈을 꾸었다."고 하시면서 꿈 이야기를 하셨다.

"내가 살았던 고향 집 장독대에 큰 항아리가 있는데 금이 가 있더라."

"그러고는 금이 가 있는 항아리가 깨지면서 없어졌어. 항아리가 깨어져 없어진 것을 보니 내 병이 나을 것 같은 생각이 들었다."

나는 어머니 꿈 이야기를 듣고 마음이 아팠다.

성경에 우리 육체를 깨지기 쉬운 질그릇으로 비교하지 않으셨는가?

큰 항아리는 집안에 제일 어른을 표현한 것 같이 느껴졌고, 그릇이 깨어져 없어졌다면 어머니의 육체가 없어질 것 같은 생각이 들어서다.

우리의 생명은 주님께 있는 것이기 때문에 꿈에 의미를 두지는 않지만 어머니의 꿈은 예사로운 꿈은 아닌 듯했다.

입원하고 계신 어머니를 뵐 때마다 나는 어머니에게 말하곤 했다.

"어머니, 어머니 안에 계신 주님을 의지 하세요. 주님만 바라보세요!"

어머니 안에 내 주하고 계신 주님을 잊어버리지 않도록 상기 시켜드렸다.

입원을 하고 계신 어머니를 위로 하려고 문병 오시는 분들에게 어머니의 인사는 "바쁘신데 여기까지 오실 것 없습니다. 내가 주님께 빨리 갈 수 있도록 나를 위하여 기도 해 주시면 고맙겠습니다."라고 부탁을 하시면서 주님 품에 빨리 안기고 싶다고 하셨다.

오늘도 전과 같이 병실을 방문하여 힘없이 누워계신 어머니를 바라만 보고 서 있는데 내 속에서 영이 어머니께 작별 인사를 했다. 육신을 입고 있는 어머니와 마지막 모습이라고 내 영이 작별 인사를 하는 데 나는 영문을 몰랐다.

어머니의 꿈 이야기와 맞물려서 내 영이 어머니와 마지막이라는 작별인사를 하는데 이것이 무슨 뜻인지 그때는 몰랐다.

그날 저녁 집에 돌아왔는데 밤새도록 설사를 했다. 음식을 잘 못 먹은 것도 없는데 하루 밤에 화장실을 삼십 번은 간 것 같다.

"주님 내가 왜 이래요? 밤새도록 화장실만 들락 거려요. 어떻게 해야 하나요?"

그때 내 속에서 알 수 없는 기쁨이 솟아 올라오면서 내 영은 주님께 감사 했다. 이상했다. 왜 이렇게 기쁘고 마음이 평안한가? 무슨 영문인지 몰랐다.

이튿날 아침 새 아버지에게서 어머니가 돌아 가셨다는 전화가 왔다.

나는 모르지만 내 영은 어머니가 돌아가실 것을 알고 있었다는 또 다른 체험을 하게 됐다.

정말 신기하고 놀라운 일이었다.

내 마음에서 어떻게 이처럼 빨리 한 생명이 떠나가시는가?

이것이 인생이란 말인가?

그러나 어머니는 육신의 고통을 통하여 영혼을 정결하게 하사 영원한 세계에 들어가게 하신 주님께 감사했다.

주님이 나에게 말씀하신 그대로 역사하셨고 인도 하신 것을 감사드린다.

또한 인생의 허무함을 다시금 생각했다.

남은여생 주님 사랑하며 살 것을 다짐하면서 오늘도 주님만 바라보고 생각하고 의지했다.

어머니께서 돌아가시기 전에 매장을 원하셨다.

장례치를 것이 걱정이 되어 주님께 기도했다.

"어머니 장례 준비를 못 했는데 주님 어떻게 해야 되나요?"

"염려하지 마라 내가 돌보아 주리라!"

주님의 응답을 듣고 마음이 평안해졌다.

주님께서 물론 인도하실 것을 알지만 공동묘지 자리를 정해 놓아야 될 것 같아 사모님 소개를 받아 계약을 했다.

어머니가 돌아가시고 삼일장을 치루고 있는데 올케가 다니고 있는 교회 목사님께서 자기 교회 공동묘지가 있는데 어머니를 매장 할 수 있도록 자리를 주겠다고 하셨단다.

주님께서 "내가 돌보아 주리라." 고 약속을 하셨는데 그 말씀을 기다리지 못하고 내가 앞서서 다른 묘지를 계약했던 것이었다. 계약금만 날렸다. 믿음이 적은 내 모습을 보면서 주님께 죄송한 마음만 들었다.

어머니 영정 앞에서 주님께 물었다.

"주님! 어머니 영혼 지금 어디 계세요?"

"내 품안에 안겼다."

그렇게 어머니는 슬픔도 없고 고통도 없는 하늘나라에서 주님 품에 안기셨다.

불쌍한 어머니의 장례식 날이 되었다.

새벽부터 장대비가 쏟아졌다.

주님께 기도했다.

"9시가 발인인데 비가 많이 오네요. 어떻게 장례를 치러야 되나요?"

주님이 응답을 주셨다.

"염려하지 마라!"

영구차가 장지를 갈 때도 비는 계속 내렸다.

영구차 안에서도 계속 기도했다.

"주님 지금도 비가 계속 와요!"

"걱정하지 말라니까!"

"네, 알겠습니다."

"그런데 지금도 계속 비가 온다니까요!"

그런데 정말 장지에 도착하자 비가 멈추고 햇볕이 쨍하고 났다.

장례를 무사히 마쳤다.

"내가 죄가 많아 천국에 갈 자신이 없다."

라고 말씀하셨던 가엾은 어머니가 회개하고 주님 품안에 안기신 것이 너무도 감사했다.

몇 달 동안 암과 투병하시면서도 진통제 주사 한번 맞지 않고 고통 없이 편안하게 눈을 감을 수 있게 하신 것도 감사했다. 장례를 무사히 마치게 해 주신 주님께 또 감사했다. 지금도 살아 계셔서 주님의 자녀들을 돌보아 주시며 인도해 주시는 것에 감사드리며 모든 영광을 주님께 돌린다.

1. 율법을 알아야 주님이 보인다.

성경은 구약의 창세기부터 신약의 요한계시록까지 하나로 묶는다면 예수님을 증거 한 책이다. 성경은 구약과 신약이 있다. 구약은 하나님께서 천사들을 통해서 모세와 선지자들에게 주신 법이다. 이것을 율법이라 한다.

율법을 주신 목적이 무엇인가?

그것은 약속된 분이 오실 때까지 죄가 무엇인지를 깨닫게 하기위한 것이었다 (갈 3:19)

"율법을 지켜서 의롭다는 인정을 받으려고 했다면 그리스도에게서 끊어지고 하나님의 은혜에서 떨어지는 자로다."(갈 5: 4)

율법은 의롭고 거룩하고 선한 것이었다.

구약시대에 사는 하나님의 백성들은 하나님께서 말씀하신 법을 잘 지켜 순종해야 복을 주시고 못 지키면 죄 때문에 저주가 와 복을 받을 수가 없다고 하셨다.

죄 성을 갖고 사는 인간은 하나님의 거룩하신 법을 지킬 수가 없기 때문에 사람들이 전통을 세워 전통을 지키면서 율법을 지킨다고 위선을 떤다.

이사야가 예언하였듯이 입술로는 하나님을 공경한다고 하면서 마음은 멀다고 책망하지 않았던가?

한 가지 예를 들어보자.

십계명에 "네 부모를 공경하라. 그리하면 땅에서 네 생명이 길리라."고 하셨다.

부모 공경해야 되는 것을 몰라서 못 하는가? 당연히 공경해야 할 일이라고 알고 있지만 안 되서 못 하는 것 아닌가?

용돈 좀 드린다고 부모 공경 했다고 할 수 있는가?

하나님 아버지께서 보실 때 인정 할 만 한 공경을 해야 되는 것이다.

성경에 부모공경 하라 했으니 억지로 공경하는 척 하려니 무거운 짐이 된다.

교회 오기 전에는 양심에 가책도 없이 살았지만 말씀의 잣대로 내 양심을 들이대니 예수 믿기 이전 보다 더 괴롭고 힘들다.

죄인인 인간이 교회에 나와서 하나님 말씀을 듣고 죄에서 자유함을 얻어 기쁘고 평안하고 행복해야 되는데 율법의 하나님의 말씀을 듣고는 못 지키니까 무거운 짐이 되어 예수 믿기 이전 보다 더 기쁨이 없고 평안함이 없고 자유 함이 없었다.

그런데 죄 성을 가진 인간은 율법을 지켜서 복을 받을 수가 없다는 것을 이미 하나님 아버지께서 알고 계셨다.

"율법을 지키다가 한 가지만 못 지켜도 다 죄가 되었다."(약 2: 10)라고 하셨다. 그래서 예수님을 이 땅에 보내 주셨다.

"율법은 예수님이 오실 때 까지만 있는 법"이라고 하셨다. (갈 3:19)

즉 인간이 율법을 지켜서 복을 받을 수 있다면 예수께서 이 땅에 죄인을 위하여 죽으러 오실 이유가 없다.

율법은 인간이 죄인인 것을 깨닫게 하기 위하여 주신 법이다.

인간이 죄인인 것을 알아야 예수께서 죽으실 이유가 생겼다.

율법은 행동으로 살인하지 말라 하셨지만 복음은 사람을 미워하면 살인한 것으로 단정 짓고 있다.

행동으로 살인하지 않았다고 죄가 없다고 생각하나 마음으로 사람을 미워하고 있다면 곧 '살인자'라고 하신다.

율법은 행동으로 간음하지 않으면 죄가 없었다. 하지만 복음은 마음에 음욕을 품으면 이미 간음하였다고 하셨다.

행동으로 간음하지 않았다고 죄가 없다고 생각하나 마음으로 음욕을 품었다면 이미 너는 간음한자라고 정죄하셨다.

예수께서 이 땅에 오셔서 인간이 마음으로 짓는 죄 까지도 정죄하시면서 '너도 죄인이야, 너도 죄인이야!' 라고 하셨다.

누가 나에게 속옷 달라면 겉옷까지 내어 주고, 오리를 가자고 하면

십리를 같이 가주고, 꾸고자 하는 자에게 거절하지 말고 다 주고, 오른편 뺨을 치면 왼편도 돌려대고, 원수까지도 사랑하라는 주님의 법을 죄 성을 가진 인간은 지킬 수가 없다.

예수님께서 하시고자 하는 말씀은 인간은 죄인이라는 것을 깨닫게 하기 위함이시다.

인간이 죄인이라는 것을 알아야 죄인을 구원하기 위해 죽으러 오신 예수의 사랑과 은혜를 깨닫기 때문이다.

우리가 지킬 수 없는 율법을 예수께서 이루셔서 믿음으로 우리를 의롭다고 하신 것을 믿어야 했다.

"예수님은 율법의 저주를 속량하신 분"(갈 3 :13)이시다.

수십 년 교회를 오래 다니다 보면 자신도 모르게 율법으로 살게 되었다.

새벽기도 다니면 하나님께서 복을 주시는 줄 알았다.

교회 봉사를 열심히 하면 복을 주시는 줄 알았다.

헌금을 많이 하면 복을 주시는 줄 알았다.

전도를 많이 하면 복을 주시는 줄 알았다.

선한 일을 많이 하면 복을 주시는 줄 알았다.

성경을 많이 읽으면 복을 주시는 줄 알았다.

이것은 내 열심이었고 내 공로 쌓는 것이지 예수 공로로 사는 삶이 아니라는 것을 깨닫게 되었다.

내가 열심히 일해서 복을 받으려는 것은 율법이다.

"율법을 지켜서 의롭다는 인정을 받으려고 했다면 그리스도에게서

끊어지고 하나님의 은혜에서 떨어진 자로다"(갈 5: 4)

지킬 수 없는 율법을 지키려고 노력 했지만 못 지키니까 저주가 와서 고통만 받게 된 것을 깨달았다.

"하나님 앞에서 아무도 율법으로 말미암아 의롭게 되지 못한 것이 분명하니 의인은 믿음으로 말미암아 살리라 하셨음이니라"(갈 3: 11)

"사람이 의롭게 되는 것은 율법의 행위로 말미암음이 아니요 오직 그리스도를 믿는 믿음으로 말미암는 줄 알므로 우리도 그리스도 예수를 믿나니 이는 우리가 율법의 행위로서가 아니고 그리스도를 믿음으로서 의롭다 하심을 얻으려 함이라. 율법의 행위로서는 의롭다 함을 얻을 육체가 없느니라."(갈 2: 16)

나는 육체와 전쟁을 하면서도 나도 모르게 율법을 지켜서 의롭게 되려고 한 노력이 저주만 쌓는 것임을 이제야 깨닫게 되었다.

하나님 아버지는 자녀들이 무슨 일을 하기보다 먼저 하나님 아버지를 모시고 자녀 된 자로서 기쁨을 누리며 살기를 원하시는 분이라는 것을 깨닫게 되었다.

성령님의 인도를 받으면 율법아래 있지 않게 된다.

내 공로를 쌓아서 하나님을 기쁘시게 하는 것이 아니라 예수님의 공로로 사는 것을 기뻐하셨다.

주님을 만나 교제가 되면서 기쁨으로 충만한 나는 전도를 하고 싶었다.

다른 사람들에게도 주님을 소개해서 이 기쁨으로 살 수 있도록 도와주고 싶어서였다.

예수님을 믿는다고 교회는 열심히 다니고 있지만 근심, 염려로 가득하여 주님이 주시는 기쁨과 평안, 안식을 누리지 못하는 분들을 섬기고 싶었다.

주님의 은혜의 풍성함으로 살지 못하는 실패한 그리스도인들을 섬기고 싶어서다.

발길 닿는 대로 이사람 저 사람을 만나 복음을 전했다. 전도의 열매가 많이 맺었다. 열심히 다니면서 복음을 전하다 보니 내 신분을 상대방에게 밝혀야 되겠기에 명함을 찍었다. 명함을 찾는 날 저녁에 주님께 기도했다.

"주님 전도를 하다 보니 내 신분을 밝혀야 될 것 같아 명함을 찍었습니다. 기쁘시죠?"

내 안에 계신 주님이 말씀하셨다.

"네가 나를 위해 무슨 공로를 세우려고 하니. 너는 예수 공로로 살아라."

"네 공로 쌓는 것 나는 하나도 기쁘지 않다."

영혼들이 불쌍해서 전도하러 다니는 것을 내 공로라고 하시며 기쁘지 않다고 하시니 유구무언이다.

"주님! 나는 너무 기뻐서 전도 하려고 다니는데 왜 내 공로라고 말씀하십니까? 전도하는 것이 주님일이지 내 일입니까? 저는 예수님의 공로로 살고 싶은데 무슨 말씀이신지 이해가 되지 않습니다. 나는 예수님 공로로만 살고 싶습니다."

주님의 음성을 듣고는 전도하러 다니는 것을 멈추고 쉬었다.

어떻게 하여야 예수님의 공로로 사는 것인지 이해가 되지 않았지만 주님이 기쁘지 않다는 음성을 듣고는 전도하러 다닐 수가 없었다.

"주님 이 시간 이후부터 전도하러 다니지 않겠습니다. 예수님의 공로로 사는 것이 어떤 것인지 모르겠습니다. 인도해주세요."

성령님께 맡기고 집에서 쉬면서 내 안에 계신 주님과 교제만 하였다.

열심히 전도하면서 봉사하던 행동들을 멈추고 집에서 쉬면서 성령님과 교제만 하고 있자니 걱정이 되었다.

아무 일도 하지 않고 가만히 있어도 되는 것인가?

"부지런하여 게으르지 말고 열심을 품고 주를 섬기라."고 성경에 기록되어 있는데, 이렇게 한가해도 되는지 분별이 안 되었다.

수십 년을 교회와 집 밖에 모르면서 행동으로 매우 분주히 살았었다.

집 안에서 지내는 시간이 길어졌다.

긴 시간을 보내자니 지루하고 답답해서 내 안에 주님을 더 사모하며 찾았다.

I.M.F 가 왔다.

아들은 영국에서 대학을 다니고 있었다.

월급생활자인 우리 가정은 아들 유학비와 집 마련위해 융자받은 은행금리가 높아져 월 백만 원 이상의 이자가 나가게 되었다. 공교롭게도 남편이 6 개월 이후에 퇴직을 하게 되었다.

정신이 하나도 없었다.

아들 학업을 중단 시킬 수가 없어 집을 내 놓았다.

경제가 어려워서인지 집을 보러 오는 사람이 없었다.

조급해진 나는 은행이자 나가는 통장을 펴 놓고 주님께 낱낱이 아뢰었다.

"집이라도 팔아서 아들 유학비를 보내야 하는데 집은 안 팔리고 은행 이자는 감당 할 수 없습니다. 남편은 퇴직을 합니다. 딸도 대학을 졸업하고 취직도 안돼 놀고 있습니다."

내 안의 주님께서는 나의 기도를 들으시고 말씀하셨다.

"아들 영국 보낸 것이 네가 보낸 것이냐? 내가 보낸 것이지. 네가 가르치는 것이냐? 내가 가르친다."하시며, "걱정하지 말라!"고 하셨다.

"은행 빚도 내가 갚아 줄게. 딸 직장도 내가 인도 해 줄게."

주님의 말씀을 듣고 나는 생각했다.

주님은 도깨비 방망이가 아닌데 하늘에서 돈벼락이 떨어지는 것도 아니고, 현실을 보면 이해가 안 되어 믿어지기가 어려운 말씀 이었다.

어떤 방법으로 어떻게 역사하시며 인도하실지 주님이 역사하시겠다는 말씀에 기대가 되었다.

남편은 6월이면 퇴직을 한다고 짐 보따리를 대전에 내려 올 때마다 갖고 내려왔다.

주님이 아들을 공부 시킨다고 말씀하셨는데 혹 남편 직장 다니는 것을 연장이 되는 것은 아닌가 하여 짐 보따리를 더 이상 갖고 오지 말라고 했다.

남편은 기대를 하지 말라며 다른 사람들도 다 퇴직을 했다고 했다.

I.M.F 로 어려운 때에 어떻게 연장이 될 수 있느냐고 하며 불가능하다는 것이었다.

주님께서는 식언치 아니 하시는 분이시다.

주님께서 가르치신다면 가르치시는 것이었다. 은행 빚도 갚아 주신다면 갚아 주실 것이었다. 어떻게 돌보아 주실지 기대가 되었다.

남편은 외국인 회사에 다녔다. 6월말이면 퇴직해야 하니 6월 초에 책임자를 찾아가 더 다닐 수 있도록 부탁 좀 드려 보라고 남편에게 권했다.

마음이 초조해 기다리기가 힘들었다.

남편은 완강히 거절하였다.

'하나님 아버지께서 아들을 가르치신다고 약속하셨으니 역사해 주실 것'이라면서 남편에게 간청을 하니 남편은 어쩔 수 없이, '그러면 만나 부탁이나 해볼께.' 라고 했다.

그런데 웬일인가?

6월초에 남편이 책임자를 찾아가 집안형편을 이야기하기 전인 5월말경에 미국에서 남편 이름으로 된 공문이 왔다.

직장상사가 남편과 의논도 없이 남편이 직장에 꼭 필요한 사람이니 3년을 연장해 달라는 공문을 보냈고, 이에 연장 승낙이 났다는 공문이 남편 앞으로 직접 온 것이었다.

하나님 아버지는 주님의 자녀가 굽실거리며 사정하게 하시는 분이 아니다.

한국 책임자의 마음을 감동시켜 앞서 행하신 하나님께 감사 또 감사를 드릴 뿐이었다.

남편의 3년 연장 사건 후 지금까지 다른 분들도 3년 연장이 됐다고 한다. 신기하다. 놀랍다.

이 글을 쓰는 지금도 흥분이 되어 주님께 감사드린다.

아들이 영국에서 어려움 없이 공부할 수 있도록 인도하신 주님께 감사드린다.

집장만 위해 은행에 진 빚도 주님이 갚아 주시겠다고 약속하셨는데 이 일도 어떤 방법으로 역사하실지 기대가 되었다.

딸도 대학 졸업하자 I.M.F가 터져 취직하기가 만만치가 않았다.

지방대학을 졸업한 딸은 이곳저곳 이력서를 제출했지만 취직이 되지 않았다. 졸업 후 1년을 집에 있으면서 좌절과 절망하는 딸이 안쓰럽기만 했다. 딸은 공무원 시험을 준비 해야겠다 면서 공부만 했다.

어느 날 인터넷에서 교정직 공무원 9명 특채라는 공고문을 보았다고 했다. 딸이 처음에는 자기는 해당이 안 되는 것이라 생각하고 다른 공부만 계속하는데, 자꾸 그 공고문이 생각났다고 했다. 딸은 "혹시 성령님의 인도가 아닌가?"하고 생각했다고 한다.

시청 공무원으로 들어가려고 하는데 교정특채가 머리에서 떠나질 않았단다.

혹시 접수기간이 지났는가 하여 확인해 보니 이틀 후가 마감 날이었다.

접수하고 시험 보기까지 준비기간은 한 달 정도 짧은 기간이어서 새벽 서너 시까지 시험 과목 책을 구입하여서 열심히 읽기만 한다고 했다. 읽기만 하였는데 "하나님께서 머릿속에 입력을 시켜주신다."며 "신기하다, 신기하다!"고 했다.

응시자들이 많이 몰려와 시험을 치르고 돌아온 딸은 자신이 없다고 했다. 기대하지 말라는 뜻인 듯 했다.

그런데 1차 합격 발표 날 딸이 합격자 명단에 있었다.

다시 2차 면접을 하고 돌아온 딸은 말도 없이 누워 울기만 했다.

내용인 즉 면접관이 질문하는데 내용을 몰라 답변을 하지 못하고 면접실을 나오는데 면접관들이 "이렇게 쉬운 것을 대답 못하니 참 이상하네"라고 수군거리는 것을 들었다면서 면접에서 떨어졌다고 울기만 했다. 무슨 말로도 위로가 안 되었다.

합격자 발표 날이 되었다.

기대하지 않았는데 합격자 명단에 이름이 올라 있었다.

그 후 공무원에 임용되어 출근을 하여 면접을 잘 못 봐 떨어져야 할 자신이 왜 합격하였는지 궁금하여 알아보았다고 했다.

면접관들이 질문한 문제를 딸 면접이후 모든 응시자들이 대답을 못했다는 것이었다.

그리고 그 질문은 출제범위 밖의 문제였단다.

딸이 1년 동안 취직이 안돼 놀고 있을때 기도할 때마다 주님께서 "내가 어떻게 인도하나 두고 봐라 걱정하지 마라 내가 도와줄게." 말씀하시던 주님의 인도하심이 놀랍고 감사할 뿐이었다.

남은 문제인 은행 융자금도 어떻게 갚아 주시려는지 기대가 되었다.

딸의 직장은 청주다. 우리 집은 대전에 있었다.

대전에서 청주로 출퇴근 하는 딸은 거리가 멀어 관사에 들어가기 위해 신청을 하였다고 했다.

관사에 들어가는 규정에 미혼은 한 집에 두 명씩 들어가야 한다고 했다.

딸은 책임자를 찾아가 가정 형편을 말씀드렸단다.

"아버지는 직장일로 서울에, 오빠는 영국에 유학중이고, 어머니는 대전에, 저는 이곳 청주에 있으면 4식구가 모두 뿔뿔이 흩어져 살아야 되니 어머니와 같이 살 수 있도록 아파트를 독채로 주세요."라고 부탁 했단다.

딸의 효심에 감동을 받았는지 담당자가 쾌히 승낙해주어 청주로 이사를 하게 되었다.

자연이 대전 집을 전세로 놓으면서 은행 빚을 모두 갚을 수 있게 되었고, 이자는 저축 할 수 있게 되었다.

저축한 돈으로 원금을 다 갚을 수 있게 하셨다.

아들 유학과 은행 이자로 정신을 차릴 수가 없었던 문제를 주님께 아뢰었더니 놀랍게 역사하셨고 인도하셨다.

주님께 나의 어려운 형편과 처지를 내 안에 계신 주님께 모두 아뢰었더니 "걱정하지 마라!" 하시며 "내가 아들을 가르치고, 빚도 갚아주고, 딸 취직도 시켜준다."고 약속하신 약속을 짧은 시간 동안 해결해 주신 것이었다.

내가 노력한 것은 아무 것도 없이 다만 형편과 처지를 주님께 낱낱이 말씀드린 것 밖에 없는데 주님께서 일 하셨다.

이것이 은혜가 아닌가, 예수님의 공로가 아닌가?

아버지 영광 받으소서. 감사합니다.

"믿음으로 사는 자는 무슨 일을 만나든지 만사형통 하리라."고 고백한 찬양처럼 하나님의 자녀들은 성령님의 인도를 받으면 내 모든 인생의 무거운 짐을 주님께서 맡아 주신다. 영이신 하나님은 보이지 않지만 눈으로 보는 것 이상으로 살아 계셔서 역사하시는 하나님을 볼 수 있는 것이었다.

"너희가 내 안에 거하고 내 말이 너희 안에 거하면 무엇이든지 구하라 그리하면 이루리라."(요 15: 7) 내가 주님 안에 거하지 않으면 내가 원하는 것을 이룰 수가 없다. 문제는 내가 주님 안에 거하는 삶이 우선이 되어야 하며 가지가 포도나무에 붙어 있어야 열매를 맺는 것처럼 그가 내 안에 내가 그 주님 안에 거할 때 마음의 소원 까지도 주님이 이루셨다. 율법으로 믿을 때는 어려운 문제가 있으면, 걱정을 하고 금식하며 부르짖어 기도 하면서 "응답해 주시 옵소서! 도와 주시 옵소서! 해결해 주시 옵소서!"하며 허공을 치는 기도를 하였다. 몇 시간 울면서 기도해도 들으시는지 안 들으시는지 캄캄하고 허전하고 답답했다.

복음 안에 있어야 했다.

"구하라 그리하면 주실 것이요, 찾으라 그리하면 찾아 낼 것이요 두드리는 자에게 열릴 것이니 구하는 이마다 받을 것이요 찾는 이가 찾아 낼 것이요 두드리는 이에게 열릴 것이니라." (마 7:7-8)

성경에 구하고 찾고 두드리는 자에게 주신다는 약속이 있기 때문에 육의 것만 구하고 찾고 두드린다면 아버지의 선하신 뜻을 모르는 것이다.

주님께서 말씀을 깨닫게 하셨다.

구하고 찾고 두드리는 것은 주님을 만나기 위해 주님 자신을 구하고 찾고 두드리는 것이었다. 그리하면 성령을 주시겠다고 약속하셨다.

성령님 안에 모든 것이 다 있다.

하나님 아버지께서 이미 내가 무엇이 필요한 지 다 알고 계셨다.

내가 영이 어렸을 때 기도만 하면 육신의 것을 자주 구하니까 주님께서는 "무엇을 먹을까, 무엇을 입을까~ 염려하지 말라고 성경에 기록해 놓지 않았느냐? 너는 나만 바라보고 나만 의지 해 그러면 내가 먹여 주고 내가 입혀주고 내가 돌보아 줄게."라고 말씀을 하셨다.

주님의 말씀을 들은 이후부터는 육신의 것을 구하지 않았다.

주님 안에 붙어 있지 않으면 나를 향한 하나님 아버지의 선하시고 온전하시고 기뻐하시는 뜻을 알 수가 없었다.

주님 안에 거하는 것이 우선이 되어야 한다고 거듭 강조 하셨다.

"너는 마음을 다하여 여호와를 신뢰하고 네 지식을 의지하지 말라. 너는 모든 일에 여호와를 인정하라 그리하면 그가 너에게 바른 길을 보이리라."(잠 3:5-6)

내가 주인이 되어 내 중심으로 살다가 문제가 생기면 금식하며 작정 기도하는 그런 신앙은 버려야 된다.

내 안에 주님을 주인으로 모시고 살아야 했다.

2. 영분별

어려서부터 교회만 다녔지 영의 세계가 있다는 것은 관심을 두지 않았었다.

영이신 하나님을 믿는다고 하면서 영의 눈을 뜨게 된 것은 주님을 만나면서부터 이다.

마귀, 귀신, 천사, 성령 모두 보이지 않는 영이다. 사람은 영의 지배를 받도록 지으셨지 않은가?

인간은 어떤 영의 지배를 받든지 영의 지배를 받고 있다는 것이다. 처음 예수 믿고 성령님의 인도를 받다가 오랜 시간 교회에 다니다보면 나도 모르게 천사의 영의 지배를 받을 수도 있다.

그러나 모두가 그런 것은 아닌 것 같다. 필자는 천사의 영의 지배를 받아온 경험이 많다.

"누구든지 일부러 겸손함과 천사숭배 함을 인하여 너희 상을 빼앗지 못하게 하라. 저가 그 본 것을 의지하여 그 육체의 마음을 쫓아 헛되이 과장하고"(골 2:18)

천사숭배 하는 자가 있단다.

천사숭배 하는 자는 본 것을 의지하여 육체를 쫓는다고 했다.

이런 자가 내가 아니었던가?

육의 복만 받으려고 기도하였지 그의 나라와 그 의에는 관심이 없었다.

천사는 하나님께서 구원 얻은 후사들을 위해 섬기라고 보낸 영이지 우리가 숭배의 대상이 되어서는 안 된다는 것이다.

나는 언제부터인가 천사의 영에 붙잡혀 있다는 것을 알게 되었다.

천사의 영에 붙잡히게 되면 남을 정죄하고 판단하고 헤아려졌다.

영적인 교만이 있다.

자기를 최고인 것처럼 높인다.

율법의 행위를 앞세워서 복을 받기를 원했다.

육신의 복만 받기를 원했다.

하나님의 뜻을 구하지 않고 나의 뜻을 구했다.

영광을 자기가 받는다.

은혜아래 있지 않았다.

천사숭배 하는 자는 예수 그리스도를 머리로 붙들지 않는다.

"머리를 붙들지 아니하는지라. 온몸이 머리로 말미암아 힘줄로 공급함을 받고 연합하여 하나님이 자라게 하시므로 자라느니라."(골 2:19)

"오직 사랑 안에서 참된 것을 하여 범사에 그에게까지 자랄지라. 그는 머리니 곧 그리스도라."(엡4:15)

천사의 영은 머리되시는 예수 그리스도가 주가 되어야 하는데 은사가 주가 되게 했다.

은사 받은 자들이 처음에는 하나님께 영광이 되는 삶을 살다가 자신도 모르게 예수님을 잊어버리고 일에 빠져 미혹을 받아 은사가 주가 되어 자기가 영광을 받는다.

성도들끼리 어느 유명한 은사자들 애기를 하면서 처음에는 성령으로 인도 받다가 교만해져서 변질되어 있더라는 이야기를 듣고 있지 않는가?

왜 변질될까?

은사는 하나님께서 일하라고 주신 선물인데 선물만 보고 기뻐하면서 선물을 주신 주인을 외면 한다면 주인이 섭섭하지 않겠는가?

어떤 분은 신유의 은사를 받아서 열심히 사역으로 섬기다 보면 자기가 병 고치는 신유자로 자만해져 신유가 주가 되어 예수님을 잊어버리고 산다.

어떤 분은 능력의 사역자로 일하다가 미혹을 받아서 능력이 주가 되어 일하면서 선물을 주신 주님은 잊어버리고 일에만 빠져 일꾼이 되어있었다.

어떤 분은 목회가 주가 되어 목회에 빠져 자기 안에 계신 주님을 외롭고 고독하게 하고 일에만 빠져있다.

어떤 분은 교회 성장이 주가 되어 예수님은 잊어버리고 프로그램에 빠져있다.

어떤 분은 예언이 주가 되어 예수님을 잊어버리고 예수 점쟁이 노릇을 한다.

이런 시간이 오래 지나다 보면 자기가 최고인 것처럼 높이고 교만해 지도록 사단이 미혹하여 일에 빠지게 하며, 예수님 안에(가지가 포도나무에 붙어있는) 거하는 삶을 살지 못하도록 했다. 은사가 주가 되어있다면 주님을 외롭고 슬프게 만드는 것이다.

이런 분들은 열심히 사역을 했다고, 주님의 기뻐하시는 일을 했다고 하지만 정작 자신의 마음은 허전하고 공허하여 만족함이 없고 기쁨과 평안과 감사가 없다.

"그 날에 많은 사람이 나더러 이르되 주여 주여 우리가 주의 이름으로 선지자 노릇 하며 주의 이름으로 귀신을 쫓아내며 주의 이름으로 많은 권능을 행치 아니하였나이까 하리니"(마7:22) 그러나 주님은 "나는 너를 모른다"고 성경에 기록되어 있지 않은가?

미혹 받지 말아야 한다.

영분별에 대해 글을 쓰다 보니 어느 집사님의 죽음이 생각났다.

제천에서 농사만 짓고 사시던 부부가 계셨다.

아내는 권사직분을 받고 기도를 많이 하시는 분이었다.

기도를 많이 하다보면 어떤 영의 음성을 듣든지 듣게 되어 있다.

영분별이 필요하다.

권사님도 기도하시다가 음성을 듣게 되었는데 대전에 가서 병자들을 고쳐주라는 음성이었다고 하셨다.

젊어서부터 농사만 지었고 시어머니와 몸이 불편한 시동생, 자녀 셋 모두 일곱 식구가 살아오셨단다.

권사님은 주님의 음성을 듣고는 몹시 괴로웠다고 했다.

시골에서 농사만 짓고 생활하던 부부가 생업을 포기한다는 것이 쉽겠는가?

기도할 때마다 이 음성이 들려 결국은 농사짓던 것을 다 포기하고 가족모두 대전으로 이사를 하였다고 했다.

농사일만 알던 이 부부는 변변한 직업도 가질 수가 없어 고생고생만 하다가 빚만 잔뜩 지고 견디다 못해 감당할 수 없어 10년 만에 다시 고향으로 돌아오셨다고 했다.

빚 갚을 욕심으로 남의 땅을 빌려 농사를 크게 짓다보니 수확이 잘 되지도 않고 팔로도 잘 열리지 않아 빚이 더 늘어나 수억대의 빚을 안게 되었다고 했다.

이들 부부 연세가 70이 다 되어가는 노부부였다.

남편 집사님은 아내 때문에 대전으로 이사 가서 빚만 지게 되었다고 아내에게 불만이 가득했고 삶의 희망이 보이지 않게 되자 몸속에 쥐약을 넣고 다니셨다고 했다.

아내에게도 죽고 싶다는 말을 입버릇처럼 했었다는 것이었다.

내가 청주에 있는 어느 교회를 섬길 때 절망하고 계신 이 노부부를 소개 받았다.

복음을 전하고 소망되신 주님을 바라보며 믿음을 가지고 사실 수 있도록 잠시 동안 섬겨드렸다.

남편집사님은 나에게 "권사님을 만나지 못했으면 벌써 자살했을 텐데 은혜 받고 소망을 갖게 되어 기쁘다."고 고백하셨다.

어느 날이었다.

아내 권사님의 다급한 전화를 받게 되었다.

"남편집사님이 김장배추를 트럭에 가득 싣고 팔려고 가시다가 교통사고로 지금 중환자실에 있어요."

이런 일을 처음당하는 나는 어떻게 해야 할지 몰라 급히 목사님과 함께 병원으로 달려가 면회시간에 중환자실로 들어가게 되었는데 집사님은 식물인간이 되어 의식 없이 눈도 못 뜨고 누워계셨다.

산소호흡기로 겨우 숨만 쉬고 계시는 모습이 너무도 불쌍하고 안쓰러웠다.

나는 주님께 물었다.

"이럴 때 제가 어떻게 섬겨야 하나요? 난 아무것도 모르겠습니다. 어떻게, 어떻게 해야 하나요?

주님께서 내 말을 들으시곤 말씀하셨다.

"너는 만지지 말고 가만히 놔두라. 손대지도 마!"

중환자실을 나와서 주님께 또 물었다.

“집사님의 영혼을 주님, 어떻게 하실 거예요? 어떻게, 어떻게 하실 거예요?”

몇 번을 여쭈어도 주님께선 아무런 대답이 없으셨다.

주님께서 아무런 대답을 하지 않으심은 살 소망이 없음이란 것을 깨닫게 되었다.

나는 조용히 권사님에게 다가가 “그만 눈물을 거두시고 남편 집사님 귀에다 시어머니와 몸이 불편한 시동생을 잘 돌보며 잘 살 테니 걱정하지 마시고 주님 품에 편안히 안기시라고 하세요!”라고 했다.

자녀들에게도 아버지에게 “어머니 잘 모실 테니 염려하시지 말고 주님 품에 편히 안기시라고 말씀드리세요!”라고 했다.

또 자녀들에게 덧붙여 말을 했다.

“혹시 아버지께 잘못했던 일들이 있으면, 생각나는 대로 용서를 구하세요!”라고 전했다.

권사님과 자녀들이 내가 가르쳐준 대로 고백하자 남편 집사님의 눈에서 눈물이 주르르 흐르더니 평안히 운명하셨다.

나는 집사님 영정 앞에서 주님께 여쭈었다.

“주님, 집사님의 영혼 지금 어디에 계시나요?”

주님께서는 “내 품안에 안겼다.”고 하시면서 기뻐하셨다.

성령님께서 수억의 빚을 지고 쥐약을 몸에 지니고 다니며 자살하게 하는 영이신가?

권사님이 은사를 주신 주님을 바라보지 않고 은사가 주가 되어 다른 영에 미혹 받은 것이었다.

영분별을 하지 못하면 미혹을 받을 수밖에 없다.

가족의 한 사람이 미혹 받으면 가족 모두가 고통을 받게 된다.

남자 집사님의 죽음으로 빚이 정리되었고 아내 권사님은 은사를 주신 주님을 모시고 믿음으로 살지 못했던 것을 깨닫고 울며 회개하셨다.

늦게라도 깨닫게 된 것을 감사했다.

바울은 머리되시는 주님이 주되시는 사역을 했다.

사도 바울을 본받는 것이 아니고 사울을 바울 되게 하신 주님을 본받아야 했다.

주님의 제자들을 본받는 것도 아니다.

제자들을 변화시킨 예수님을 본받아야 했다.

천사의 영에 붙잡힌 자와 성령님께 붙잡힌 자는 열매가 다르게 나타난다.

나타나심은 비슷해 보이지만 다르다.

교제도 다르다.

영 분별하지 못하면 구분하기 어렵다.

천사의 영에 붙잡힌 자의 열매는 육의 열매를 맺게 했다.

성령님은 성령의 열매를 맺게 했다.

성령님은 사랑의 영이시며 온유와 겸손의 영이시며 위로의 영이시며 자유케 하시는 영이시다.

천사의 음성은 두려움이 온다. 얽매이게 했다. 자유가 없다.

다른 사람의 죄를 정죄하며 판단한다.

어느 기도원에서의 일이었다.

아들을 영국으로 유학 보내기 위해 준비 중이었을 때의 일이었다.

우연히 어느 기도원 목사님을 만나 기도를 받는데 아들이 영국에 가면 좋지 않은 일이 생길 것이라고 하면서 아들을 도끼로 어깨를 찍는 환상을 보았다고 하면서 돈을 요구했다.

금액까지 말하면서 이 헌금을 드리지 않으면 아들이 영국에서 어려움을 겪게 될 것이라고 겁을 주었다.

하나님의 종이라고 세운 목사님 입에서 나온 말을 듣는 나는 영 분별력이 없던 때였으므로 그대로 순종할 수밖에 없었다.

어느 부모가 자식이 잘못 된다는 말을 듣고 순종하지 않을 수 있겠는가?

빚이라도 내어 헌금하지 않겠는가?

사역자가 미혹의 영에 미혹 받은 것이었다.

사역자 자신도 미혹 받은 줄 모르고 보이는 대로, 들리는 대로 겁을 주고 위협을 하는 것이었다.

그러므로 영분별하여 미혹 받지 않아야 한다.

성령님은 두려움을 주고 겁을 주는 분이 아니시다.

거듭난 그리스도인이라도 머리되시는 주님을 붙들지 않으면 천사의 영에 붙잡힐 수가 있다.

교회를 이삼십년 다녔다고 직분자랑하며 믿음으로 산다고 하지만 영성이 다 다르다.

주님의 음성을 듣는다고 본인은 생각하지만 다른 영의 음성을 듣고 그 음성에 얽매여 자유함이 없는 분이 있다.

기도원 사역으로 섬기다보니 여러 사람을 만나게 되었다.

대부분 기도원을 찾아오시는 분들은 거의 문제가 많으신 분들이다.

이런 분들은 문제 해결 받으려고 주님께 금식하며 작정기도하면서 사모하여 오랜 시간을 응답 받기위해 기도하다보면 성령의 음성이 아닌 다른 영의 음성을 들을 수도 있다.

소망의 주님을 바라보고 믿음으로 기도해야 성령의 음성을 듣게 될 텐데 내 설움에 환경만 바라보고, 문제만 바라보면서 믿음의 기도를 하지 못하면, 미혹의 영이 역사해서 다른 영의 음성을 듣게 되어 있다.

다른 영의 음성을 듣고는 주님의 음성인 줄 믿으며 음성 듣는데에만 치우치고 귀 기울이며 예수님을 바라보지 않는다.

이것은 참으로 위험한 신앙이다.

영분별하게 해 달라고 기도해서 성령님의 음성을 들어야 한다.

천사의 영에 붙잡힌 사람은 예수님 이름 빙자해서 예수 점쟁이 노릇을 하려고 한다.

육에 대한 예언만 해서 성도들의 마음을 미혹한다.

내가 주님 만나기 이전의 일이었다.

몸이 많이 아파 고생하는 것을 안타까워하신 어머님이 어느 날 전화를 하셨다.

성령으로 충만한 목사님이 계신데 기도 받으면 건강하게 될 것이라고 빨리 대전으로 내려오라고 하셨다.(서울에서 살고 있을 때 일이었다)

어머니의 간곡한 부탁을 거절 할 수 없어 기대를 갖고 차안에서 "성령님, 저는 목사님이 어떤 분인지 모릅니다."

기도하면서 어머니와 함께 목사님 집을 방문하게 되었다.

목사님은 귀신을 쫓아 준다고 나를 세워놓고 마주 바라보고 서게 되었다.

목사님을 쳐다보는 순간 목사님 얼굴이 문둥이로 보였다.

얼굴이 빨간색이었으며 일그러져 있어 너무 무서워 "목사님 얼굴이 문둥이로 보입니다. 왜 그래요?"

나도 모르게 소리쳤다.

목사님이 몹시 당황해 하셨다.

영분별 할 줄도 모르고 영의 세계가 있는 것조차 모르는 나는 그럼에도 불구하고 일주일 동안 기도를 받았다.

그 목사님은 어느 큰 교회에 부목으로 계시다가 어느 모임에서 은혜를 받았고 성령님께서 부목생활을 그만 두라고 하여 집에 계셨다고 하셨다.

목사님은 기도를 해 주시면서 나에게 억대에 돈을 요구하시면서 아버지께서 교회를 같이 개척하라고 보내셨다고 하셨다.

일주일동안 기도를 받고 서울로 가려고 하는데 목사님께서 서울까지 자신의 차로 데려다 주겠다고 하셨다.

계속 거부했지만 성령님께서 시키셨다고 하시면서 막무가내다.

어쩔 수 없이 목사님과 같이 서울 집에 도착하여 답례로 양봉을 하시는 아버지가 1년에 한 번씩 보내주시는 꿀 한말을 드렸다.

목사님은 "성령께서 받지 말라!"고 하셨다며 계속 사양을 하셨다.

'성령께서 받지 말라'고 하셨다니 더 이상 권할 수가 없었다.

며칠 후 목사님에게서 전화가 왔다.

"전에 줄려고 했던 꿀을 보내 주세요!"라고 하셨다.

그 꿀을 보내드렸다.

이해가 되지 않았지만 성령님이 그랬다고 하시니 '그러시는가 보다'라고만 생각했었다.

서울에서 안정된 직장생활을 하는 남편과 학교 다니는 아이들이 있는데 '대전에 내려와 개척을 도우라고 하셨다.'고 하니 영분별 할 줄 모르는 나는 주님의 음성으로 알고 남편과 의논을 했다.

이제 겨우 예수님 영접한지 1년 정도 밖에 안 된 남편은 나의 애기를 듣고는 하나님이 우리 가정에 복을 주시려고 하시는 것이라고 말하시면서 집을 내 놓아야 겠다고 하셨다.

부동산에 집을 내 놓고 우리 부부는 매일 저녁 가정예배를 드리기 시작했다.

"하나님 아버지 우리 부부는 아무것도 모릅니다. 목사님께서 말씀하신대로 집을 팔아서 교회를 세우는 것이 아버지의 뜻이라면 마음

변하지 않고 순종할 수 있는 믿음을 주시어서 하나님께 영광이 되게 하시고, 아버지의 뜻이 아니면 막아 주시옵소서.”

목사님은 “매주일 대전에 내려와 자기 집에서 예배를 드리라고 성령님께서 말씀하셨습니다.”라고 하시어 몇 번 대전까지 오가기도 했었다.

그런데 대전에 내려왔다가 예배드리고 올라갈 때마다 그곳에서 마음에 상처를 받아 올라가면서 울게 되었다.

세 번째 내려왔다가 올라가면서는 집 팔리기 전에는 내려오지 말아야겠다고 생각하고는 그 다음 주일에 내려가지 않았다.

집 내 놓은 지 4개월쯤 되어서 집이 팔렸다.

계약을 하고 어머님께 전화를 드렸더니 목사님은 개척하시고 개척 예배까지 드렸다고 하셨다.

아버지 뜻이 아니다.

지금 생각해 보면 그 때 목사님이 영분별을 하지 못하여 성령님이 아닌 다른 영의 지배를 받고 있었다는 것을 알게 됐다.

목사님은 기도하면 천사가 면류관을 자기 머리에다 자꾸 씌워준다고 하셨다.

또 예수님이 십자가에 못 박은 것처럼 자기 손과 발도 못 박았다고도 하셨다.

참으로 미혹 받지 않도록 예수그리스도가 머리가 되어야 했다.

혹 잘 알아맞히니 영분별 못하는 분들은 신령하다며 그를 따른다.

성령님은 하나님 아버지의 사랑을 알게 해 주고 예수 그리스도를 나의 보배로 여길 수 있도록 예수님을 증거 하는 영이시다.

진리 가운데로 인도하시는 영이시다.

위에 것 즉 하늘에 속한 신령한 복을 받게 하시는 영이시다.

미혹의 영에 미혹 받은 분들은 잘못된 것을 지적하여 바르게 서도록 섬겨도 영적인 교만으로 인해 남의 말을 듣지 않는다.

자기 속에서 말하는 음성만 따르려고 한다.

소망의 주님을 바라보지 않고 음성 듣는데에만 귀를 기울인다.

이런 분들은 육신의 암 병 환자보다도 더 무서운 병자이다.

다른 사람의 말을 도무지 들으려 하질 않았다.

영분별을 하지 못해 고집하고 있는 분들이 안타깝다.

이런 분들의 삶은 문제가 안 풀리고 더 어려운 일이 많아 고달프다.

마귀는 우는 사자같이 삼킬 자를 두루 찾고 있다고 했다.

미혹당하지 말아야 한다.

영분별을 하도록 눈을 열어 주신 주님께 감사했다.

예수그리스도를 머리로 붙든 자만이 영(속사람)이 강건하다.

예수 그리스도를 머리로 붙든 자만 하나님께서 영을 자라게 하신다.

예수 믿은 지 10년 20년 30년이 되었어도 내 영이 자라지 못하고 있다면 어딘가 병이 들었던지 속사람에게 문제가 있는 것이다.

필자도 주님을 만나기 전에는 내 영이 병들었는지 건강한지 아무 것도 모르고 있었다. 천국은 육이 가는 것이 아니고 내 영이 가는 것인데도 말이다.

하나님께서는 우리의 속사람이 잘 되기를 원하셨다.

내 속사람은 하나님의 본성을 가지고 있기 때문에 하나님의 뜻을 이루려고 하며 하나님만 기쁘시게 하려고 했다. 하나님만 사랑하려고 했다. 하나님께만 영광을 돌린다.

또 내 속사람이 강건해야 하나님아버지께 영광이 되며 풍성한 삶을 살 수 있는 것이다.

이런 삶을 살기 위해서는 연약함을 도우러 오신 성령님의 인도를 받아야 한다.

성령님의 능력으로 살아야 악한 자가 만지지도 못한다.

성령님의 능력만이 자신을 이기고, 죄악을 이기고, 세상을 이기고, 환경을 이기는 능력 있는 삶을 사는 것이다.

성령님을 의지하지 않고서 어떻게 하루를 보낼 수 있는가?

주일날이 무슨 뜻인가? 주님과 같이 사는 날이 아닌가?

매일매일 주님의 날이어야 했다.

주님을 바라보자!

"믿음의 주요 온전케 하시는 예수를 바라보라."(히 12:2)

"세상 죄를 지고 가는 하나님의 어린양을 보라."(요 1:29)

"모세가 광야에서 뱀을 든 것 같이 인자도 들려야 하리니"(요 3:14)

이스라엘 백성이 광야에서 불 뱀에 물려 죽을 때 장대에 놋 뱀을 달아놓고 쳐다본즉 산 것 같이 예수님을 바라보아야 나는 산다.

주님을 바라본다는 것은 의지하는 것이며, 믿는 것이며, 생각하는 것이며, 함께하는 것이었다.

나를 온전하게 하실 분은 주님밖에 없었다.

내안에 계신 주님을 끊임없이 바라보아야 한다.

내영이 주님을 떠나 방황하는 일을 중단시켜야 한다.

하나님은 나의 밖에 계시면서 은혜를 주시는 것이 아니다.

내 안에 계셔서 역사해 주시며 돌봐 주시고 계신다.

주님은 영혼의 질병을 고치시기 위해서 육체의 질병도 허락하실 때가 있다. 주님은 몸과 영혼의 치료자다.

우리의 고통을 치료하실 분은 하나님뿐이시다.

내가 하는 모든 일을 주님께 낱낱이 아뢰어야 한다.

그것이 믿음이다.

내 안에 계신 주님을 혼자 있도록 내버려 두어서는 안 된다.

내 자신을 의지하며 사는 사람은 가장 어리석은 자다.

주님께서 내 마음을 독차지할 수 있도록 내 생각, 내 아집, 내 고집을 성령님의 능력으로 몰아내야만 한다.

주님의 임재 가운데 있기를 원하는 사람은 누구나 영적인 사람이 된다.

내 마음에 일어나는 풍랑을 잠잠케 하실 분은 주님밖에 없다.

풍랑을 잠잠케 하실 주님을 끊임없이 바라보아야 한다.

하나님을 생각하지 않고, 어떻게 하나님과 함께 할 수 있겠는가?

하나님과 끊임없이 대화하는 일에 익숙해져야 한다.

그러려면 인내가 필요하다.

우주의 창조주시며 전능자이신 크시고, 위대하신 주님을 바라보아야 한다.

지금 이 시간부터 바라보자.

내 시선을, 내 마음을, 내 생각을 내 마음에 계신 주님께 고정시키자.

3. 왜 기도를 해야 하나?

기도란 무엇인가?

어느 목사님께서 기도란 사전에서 보면 신과의 대화, 즉 회화라고 했다.

맞다. 하나님과의 대화다.

내가 주님과 만나 교제하기 이전에는 교회 지하실에서 혼자 기도 할 수 있는 기도실에 매일 들어가 하나님 아버지께 내 소원을 들어 달라고 울며불며 기도했다.

환경을 바라보고 문제를 바라보면서 애통해하며, 하늘에 계신 하나님 아버지를 생각하며 허공에다 대고 소리를 질러댔다.

3시간 기도했네, 4시간을 기도했네 하며 하늘에 기도를 많이 쌓아

놓고, 내가 어려움이 생길 때면 쌓아놓은 기도가 있기에 도움을 받는다고 생각했었다.

하나님 아버지의 음성은 듣지 못하면서 나 혼자 나의 속이 시원 할 때까지 열심히 기도한 세월이 수 십 년이었다.

문제를 놓고 몇 시간 기도하곤 돌아서서 허전한 마음으로 다시금 문제를 바라보며 걱정을 했다.

노트에다 기도 제목을 써 놓고 응답 주실 때까지 기도하면서 응답 주시면 연월일을 기록하기도 했다.

주님과 사랑의 교제에는 관심 없이 하나님 아버지는 내 문제 해결해 주는 종처럼 생각하고 부려먹으려고만 했다.

지금 생각해 보면 이런 기도는 참으로 위험하다.

내 욕심으로 하는 기도는 성령님이 아닌 다른 음성을 들을 수 있다.

본인은 성령님의 음성으로 착각하기 쉽다.

미혹 받지 말아야 한다.

기도는 호흡과 같다고 한 것처럼 일상생활에서 성령님의 인도를 받아야 한다.

기도는 곧 성령님과 교제하는 것이다.

내가 슬프고 괴로울 때 나를 위로 해 주시고 돌보아 주시는 사랑의 주님과 대화하며 교제하는 것이 기도다.

어떤 분은 기도를 소리 내어 크게 해야 기도한 것 같다고 하며 속으로 가만히 하면 기도한 것 같지 않다고도 한다.

어떤 분은 "하나님이 귀가 먹으셨냐?"며 조용히 속으로만 묵상으로 기도 해야 한다고 한다.

나는 어느 한 쪽 만을 주장하지 말라고 말하고 싶다.

내가 경험한 바로는 묵상기도는 내면의 아름다움 즉 내 안에 계신 성령님과 인격적인 주님과의 사랑의 교제이다.

부르짖는 기도는 영적전투다.

부르짖는 기도는 마귀를 이길 수 있는 능력 있는 삶을 살기위해서 성령님께서 내 육체를 다루시고, 성령께서 나타나실 수 있도록 맡겨 드려야 한다.

어느 한쪽에 치우쳐 미혹 받지 말아야 했다.

때론 부르짖는 기도도 해야 하며 때론 묵상 기도도 필요하다.

주님과 사랑의 교제도 필요하고 마귀를 이길 수 있는 능력도 필요하기 때문이다.

성령님께 맡기고 입을 열어 기도하다보면 그 분이 알아서 인도하신다.

자기가 체험한 것만 옳다고 주장하면서 남을 판단해서는 안된다.

문제는 내가 성령님을 의지하고 있으면서 성령님의 인도를 받고 있는가를 살펴보고 성령님 안에 붙어 있는 것이 매우 중요하다.

내 삶은 기도생활이었다.

아침에 눈을 뜨면서부터 기도다.

‘하루에 몇 시간 기도했네.’가 아니라 오늘 하루를 내 안에 계신 성령님과 기도하는 것이다.

기도는 체질화 되어야 한다고 생각한다.

기도는 생활화 되어야 한다고 생각한다.

하루 종일 주님을 잊어버리지 않고 대화하는 것이다. 교제하는 것이다. 사랑하는 것이다. 기뻐하는 것이다. 감사하는 것이다. 악한 자가 만지지도 못하도록 말이다.

기도제목을 내가 세워놓고 기도하면 내 뜻이다.

성령님께 맡기고 아버지의 뜻에 순종해야 되지 않겠는가?

잘 알고 지내는 분에게서 전화가 오지 않아 소식이 궁금하다.

나는 주님께 내 마음을 아뢴다.

“하나님 아버지! 내가 아직 영이 어려서 이런 생각이 들 때가 있습니다. 주님이 내 안에 계셔서 나와 함께하고 계시는 것을 알고 있습니다. 나를 사랑해 주시는 것도 알고 있습니다. 나를 돌보아 주시는 것도 알고 있습니다. 그런데요 어떤 때는 주님이 내 기도를 안 들어주시고 나를 돌보아 주시지 않을 때도 있는 것 같은 생각이 들 때가 있습니다. 내가 이런 생각을 한다는 것은 아직 영이 어려서 주님을 온전히 신뢰하지 못하고 있다는 것도 알아요. 내 안에 계신 주님께 내가 기도하면 다 듣고 계시면서 나를 돌보아 주시고 있다는 것을 체험해서 주님을 더 신뢰하고 싶습니다. 내가 주님을 시험하려고 하는 것은 절대 아닙니다. 주님 내 마음 아시지요?”라고 주님께 기도했다.

"소식이 궁금한 사람이 있는데 전화가 오지 않습니다. 그런데 내가 상대방에게 전화할 상황이 못 됩니다. 주님께서 이 상황도 아실 줄로 압니다. 이 시간 주님께서 내 기도를 들으시고 나를 돌보아 주시고 계시다는 것을 믿을 수 있도록 역사해 주세요!"라고 아뢰었다.

기도하고 3분 정도 됐을까? 전화벨이 따르릉하고 울린다.

수화기를 들고 "여보세요!"라고 말하자 소식이 궁금했던 분이 "권사님! 그동안 잘 지내셨습니까?"라고 했다.

나는 너무 놀라 "하나님 아버지 내 기도 다 들으셨네요! 고맙습니다. 누가 뭐라고 해도 이제 나는 주님이 내 안에 계셔서 내 기도를 다 듣고 계시며 나를 돌보아 주시고 계신 것을 믿습니다. 고맙습니다. 다시는 이런 기도를 하지 않을 것입니다."라고 주님께 말씀드렸다.

성령님께서 어느 날 말씀하셨다.

"강선아! 가고 싶은 곳을 가게 해 주고, 보고 싶은 사람을 보게 해 줄게!"

"어디 가고 싶니? 누구 보게 해 줄까?"

기도 할 때마다 몇 번을 말씀하셨다.

주님의 음성을 듣고 나는 주님 만나기 전에 오랫동안 몸이 너무 아파서 여행을 한 번도 가보지 못한 것을 주님이 아시고 내가 가고 싶은 곳을 여행 시켜 주신다는 말씀인 줄 알았다. 속으로 나이아가라 폭포를 생각하면서 그곳에 가고 싶다고 할까? 아니면 스위스? 또 보고 싶은 사람 보게 해 준다고 하시니 결혼 후 어디 사는 지도 모르는

보고 싶은 친구가 있는데 주님께서 내 맘을 아시고 그 친구를 만나게
해 주시려나?

속으로만 생각하고는 '어디 가게 해 주시려나? 누구를 만나도록
하시려나?' 하고 궁금하게 생각했다.

이런 엉뚱한 생각을 하고 있는 내 마음을 아시고 주님이 내게 말씀
하셨다.

"강선아! 내가 가고 싶은 곳에 너를 데리고 가고, 내가 보고 싶은
사람에게 너를 데리고 같이 가서 만나고 싶다."고 하셨다.

깜짝 놀랐다.

주님의 생각과 내 생각이 어찌 이리 다른가?

주님께서 보고 싶은 사람에게 나를 데리고 가서, 주님이 하고 싶은
말씀을 나를 통해 말씀하시고 싶다는 것이었다.

주님의 이런 뜻을 알고 나는 몸 둘 바를 몰랐다.

나를 다만 주님의 도구로 쓰시고 싶어 하시는 말씀인 것이었다.

내가 알고 있는 큰 교회가 있었다.

예배당 큰 건물을 지어 놓고 빚 감당하기가 어려웠다.

성도들은 허리띠를 졸라매 예배당 건물을 살리기 위해 노력했
다.

성도들이 드린 헌금이 은행이자로 나가는 것이 안타까워 주님께
기도했다.

"하나님 아버지 정말 이렇게 성도들이 감당 할 수 없는 큰 건물을

짓는 것이 아버지의 뜻입니까? 저는 뭐가 뭔지 모르겠습니다."라고 기도하자 내 안에 계신 성령님이 말씀하셨다.

"내 자녀가 밥도 안쳐먹고 달라고 떼쓰는데 안줄 부모가 어디 있겠니? 육신의 부모도 자식이 밥을 안쳐먹고 달라고 떼쓰면 어쩔 수 없이 들어 주는 것처럼, 내 자식들도 마찬가지로 밥도 안쳐먹고 달라고 하는데 어찌 아니 줄 수 있겠니? 내가 기뻐서 주는 것이 아니라 어쩔 수 없어서 주는 것이다." 라고 하셨다.

어쩔 수 없이 주었는데 그것을 '은혜네! 은혜네!' 하면서 자랑을 한다고 하셨다.

하나님 아버지의 뜻이 아니지만 어쩔 수 없어서 주셨다고 하셨다.

나는 아버지의 마음을 헤아려서 아버지의 뜻에 순종하며 살고 싶었다.

하나님 아버지를 기쁘게 해 드리고 싶었다.

하나님 아버지께 영광이 되고 싶었다.

기도원에서 사역으로 섬기다 보면 성령님께서 각 사람을 만져주시는데 나타나심이 놀랍고 감사하다. 슬픈 일을 많이 당하면서 산 사람에게는 희락의 기름을 부어 주어서 슬픔을 치유해 주시고, 마귀에게 눌린 자는 성령님이 나타나시면서 귀신을 쫓아 내 주시어 자유케 하셨다.

찬송의 옷을 입혀 주시어 슬픔을 치료해 주시며, 회개의 영을 부어 주시어 영의 눈을 열어 주님을 보게 하셨다.

각 사람의 형편과 처지를 아시는 주님께서 알아서 나타나시면서 만져 주셨다.

그리하여 모두 영·육의 복을 받도록 이끌어 주심을 볼 수 있다.

"무시로 성령 안에서 기도하라"고 하시지 않았는가?

"성령님! 저는 무슨 기도를 어떻게 기도해야 할지 아무것도 모릅니다. 아버지의 뜻대로 기도 할 수 있도록 나의 기도를 도와 주시 옵소서!"

내 입을 내 안에 계신 성령님께 의탁하고, 내 생각을 내 안에 계신 성령님께 의탁하고, 내 마음도 내 안에 계신 성령님께 의탁해서 성령님의 도움을 받아 아버지의 뜻을 구하는 기도를 하자.

내가 앞장서지 말고 성령님께 자리를 양보하자.

성령님을 의지하고 성령님의 인도를 받도록 맡기자.

그리하면 내 안에 계신 성령님께서 먼저 육을 다루시고 혼을 다루시며 내 마음의 지성소에서 하나님을 만나 대면하게 된다.

하나님과 대면하면 피조물인 작은 나는 부르짖던 입이 다물어 지고 하나님 아버지의 사랑이 내 마음에 쏟아 부어져 눈물과 희열과 환희와 감사로 굴복되어지고 폭포수 같은 은혜 속에 들어가게 된다.

경험한 자만이 안다.

어찌 글로 다 표현 할 수 있겠는가?

그 분을 구하고 찾고 두드리자!

4. 방언을 하려고 하라

인천 어느 교회에서 간증을 해 달라고 하는 초청을 받아 가게 되었다.

간증 부탁을 받으면 주님께서는 "너는 나를 증거 하라"고 말씀을 하셨기 때문에 "그리스도가 네 안에 계신 것을 너희가 스스로 알지 못하니 그렇지 않으면 너희가 버리운 자 니라."(고후13:5)라는 주제로 말씀을 전하면서 내 안에 계신 주님을 잊어버리고 살다가 지옥의 삶을 살았던 때와 내 안에 주님을 주인으로 모시고 살면서 천국의 삶을 살고 있는 나의 변화된 삶을 비교하면서 간증하며 주님을 자랑했다.

참석한 성도님들이 은혜를 받아 주님을 잊어버리고 살았던 자신의 모습을 보고 회개하며 주님의 은혜를 사모 했다.

간증을 마치고 잠시 쉬고 있는데 사모님께서 성도 한분이 방언을 사모하다가 시험이 들었다고 했다.

이 성도님은 방언을 받고 싶어 밤마다 교회에서 철야기도를 하였었고 금식도 해 보았고 작정기도도 해 보았었지만 안 되더란다.

이렇게 3년 동안을 방언하기를 사모했단다.

이제는 지치고 지쳐서 하나님께서 자기를 사랑하지 않는다고 예수 믿고 싶지 않다고 하며 낙심하고 절망하고 있다는 것이었다.

그래서 목사님 이하 전 교인이 모두 이 분이 방언 받기를 간절히 원하고 계셨다.

나는 사모님께 그 성도님을 만나겠다고 했다.

방언을 사모하다 절망으로 가득 차 있는 성도님을 도와드리고 싶었다.

성도님이 오셨다. 성도님은 나에게 방언하는 것이 소원이라고 말씀하셨다.

아름다운 소원을 마음속에 담고 있는 이 분의 소원을 주님께서 왜 안 들어 주시겠는가?

나는 성도님의 가슴에 살짝 손을 얹고 "성령님, 이 분이 방언을 사모하고 있습니다. 이 시간 입을 열어 주시어서 천국의 언어를 할 수 있도록 도와주세요." 라고 기도하면서 그 성도님에게 "당신의 입을 당신 안에 계신 성령님이 주장하실 수 있도록 맡기시고 말을 하세요. 성령님이 도와주실 것입니다."

순간 성도님은 눈물을 흘리면서 큰소리의 방언이 터져 나왔다.

2시간 이상을 울면서 방언으로 기도를 하셨다.

시험까지 들어 있는 성도를 안타까워했던 전교인 모두가 기뻐했다.

자기들이 응답 받은 것보다 더 기쁘다고 했다.

연약한 나를 보내셔서 섬기게 하신 주님께 감사 또 감사드린다.

성령으로 거듭난 그리스도인이라면 누구나 다 방언기도를 할 수가 있다.

성경에 "믿는 자에게 이런 표적이 따르리니 새 방언을 말하며"라고 기록 되어 있지 않는가?

믿는자 모두에게 표적으로 나타나는 것이 방언이었다.

성령님을 내 안에 모신 자에게 나타나는 표적이 방언이다.

피아노 학원을 운영하는 동생이 있다.

자기는 지적으로 고상하고 교양 있게 예수를 믿는다고 하면서 방언하는 사람은 무식하고 단순하며 어딘가 모자라 보이고 그래서 지적으로 교양 있게 보이지 않는다고 했다. 그러나 이런 동생이 2년 전 성령체험을 한 이후로 변화를 받아 하루 종일 방언기도를 하면서 성령님과 교제하며 마음에 천국을 이루며 살고 있다.

어느 분은 방언의 은사는 꼴찌은사라고 하면서 가볍게 여기고 무시하는 사람도 있다.

무슨 뜻인지 알아듣지도 못하는 방언을 왜 하느냐고도 했다.

방언에 대하여 글을 쓰다 보니 뉴질랜드에서 사역할 때 일어난 일이 생각난다.

육십이 넘은 권사님이 방언을 사모했다고 하셨다.

말씀을 전하고 통성기도 시간에 나는 권사님의 가슴에 손을 얹고 "성령님, 이 시간 권사님이 방언 할 수 있도록 입 좀 열어 주세요!"라고 기도했다.

같이 기도 하는데 혀가 말리면서 방언을 하셨다.

한참동안 울면서 기도하시다가 집으로 돌아 가셨다.

이튿날 나에게 찾아와 "권사님, 내 입에서 이상한 방언이 나와요." 하시면서 "밥! 밥! 밥!"이 소리만 계속해서 나온다는 것이다. "내가 밥을 못 먹고 사는 것도 아닌데 방언하기 싫어요. 내 입에서 나오는 방언이지만 듣기가 싫어요."라고 하셨다.

그래도 계속하셔야 합니다라고 권했더니 이제는 한 글자가 더 늘었다고 하시며 다른 방언도 하기가 싫다고 하셨다. 나는 권사님에게 "그러면 권사님이 하시는 방언이 무슨 뜻인지 성령님께 물어 보죠"라고 하였다.

권사님과 같이 기도를 하면서 "성령님! 권사님이 입에서 나오는 방언이 듣기도 싫고, 하기도 싫다고 합니다."

성령님께 아뢰었더니 "무슨 뜻인지 알려줄까?"라고 말씀하시며 권사님은 방언으로 기도를 하고 나는 권사님 방언을 성령님께서 통역하시는 대로 통역을 해 드렸더니 방언통역을 듣던 권사님은 깜짝 놀라시며 자기가 소원하는 내용이 다 들어있다고 하시며 이젠 열심히 방언기도 해야겠다고 하셨다.

방언통역을 하지 못하던 많은 분들 한 분 한 분씩 다 통역으로 도와드렸다.

모두들 각자 통역을 듣고 놀라워하시면서 자기가 꼭 필요한 기도내용이라고 하시는 것을 보았다.

방언이 이렇게 깊은 뜻이 있는 줄 미처 몰랐다고 하시면서 많은 분들이 더 방언기도를 해야겠다고 다짐을 하셨다.

방언기도의 내용을 몰라 귀하게 여기지 않던 많은 분들이 '귀하다!

귀하다!' 하시면서 더 사모를 하셨다.

　내 안에 계신 주님은 모든 은사와 능력을 갖고 계신 분이었다.
　방언은 나의 속사람을 강건하게 해주고 나에게 덕이 되게 해준다고 성경에 기록되어 있다.
　사역을 하다보면 방언을 사모하는 분들이 있다.
　어떤 분은 방언을 하지 못하도록 악한 영이 입을 주장하는 분도 있다.
　이런 분도 성령님께서 악한 영을 몰아내 주시면 입이 열려 천국의 언어가 나왔다.
　내 입을 내 안에 계신 성령님께 의탁하고 입을 열면 성령님께서 내 입을 주장하셨다.
　필자도 고등학교 1학년 때 부흥집회에 참석하였다가 강대상 바로 앞자리에서 기도하는데 성령님께서 내 입과 턱을 주장하시면서 천국의 언어가 나와 한참을 기도했다.
　강사 목사님께서 교복을 입은 여고생이 울면서 방언으로 기도하는 내 모습을 보시곤 도리어 은혜를 받았다고 하시며 예뻐서 어쩔 줄 몰라 하였었다.
　처음에는 무슨 뜻인지 모르기 때문에 입에서 나오는 대로 방언기도를 하다보면 재미가 없어 방언기도가 싫어질 수도 있다.
　방언기도는 사람에게 하는 것이 아니라 하나님 아버지께 하는 기도다.

내 속의 영이 내 속에 비밀을 친히 하나님 아버지께 아뢰는 영의 기도이다.

방언기도는 영으로 하는 기도이기 때문에 마음에는 열매가 없었다.

영으로 기도하고 마음으로 기도 할 수 있도록 통역이 되어야 마음에 열매가 있다.

어떤 분은 처음 방언기도 할 때부터 통역까지 하는 분이 있고 못하시는 분도 있다.

통역이 안 되어서 마음에 열매가 없어도 중단하지 말고 계속 방언기도를 하라고 권하고 싶다.

무슨 뜻인지 몰라도 내 영이 내 속의 비밀을 하나님 아버지께 아뢰고 있다고 믿고 성령님을 의지하여 방언기도를 하시기를 바란다.

영의기도를 계속 하다보면 회개도 시켜주시고 어두움도 몰아내 주시면서 성령의 나타나심과 만지심을 계속적으로 체험하게 되었다.

이렇게 영과 몸을 만져 주심으로 인해 언제 육체의 질병이 떠났는지 모르게 건강해지고, 속사람도 변화되어 주님의 인격으로 다듬어져 가는 자신을 보게 된다.

참으로 신기하고 놀랍다.

또한 계속적으로 방언기도를 하다보면 방언으로 찬양을 하고 통역도 하며 성령님께 사로잡혀 나를 향한 하나님 아버지의 선하시고 온전하시고 기뻐하시는 뜻을 알게 해 주신다.

사도 바울도 다른 사람들 보다 방언을 많이 하는 것을 하나님께 감사한다고 했다.

방언기도는 영의 세계로 인도하는 문인 것 같다.

필자도 다른 사람들보다 방언을 많이 하는 것을 하나님 아버지께 감사드린다.

방언이 깊어지면 통역이 나오고 더 깊어지면 예언도 나왔다.

무슨 뜻인지 몰라 지루하다고 생각되더라도 포기하지 말고 계속 방언기도를 하다보면 놀라운 은혜가 있다.

중국방언, 일본방언, 불어방언 세계 여러 나라의 방언을 하게 하시는 주님께 감사드린다.

청주에 있는 교회에서 사역 할 때 일이었다.

통성기도 시간에 성령께서 영 찬양을 하게 하셨다.

한 사모님을 따라 처음으로 참석하셨다는 어느 목사님이 불어방언으로 영 찬양하는 것을 들으시고는 누구에게 배워서 하는 것이 아니라는 것을 알고 너무나 정확한 발음에 놀라워하시며 목사님 교회로 초청하셔서 5일 동안 사역한 적도 있었다.

그 목사님은 7개 국어를 능통하게 하시는 박사 목사님이었다.

언제나 나의 사역 시간은 성령님이 이끄시는 대로 섬기는 것뿐이며 성령님이 내 입을 쓰시는 대로 맡긴다.

영 찬양을 한 것도 주님이 하신 것으로 나는 정확한 불어발음이었는지 몰랐었다.

짧은 기간 동안이지만 주님이 보내셔서 담임목사님 초청으로 내가 만난 주님을 소개하며 섬기게 하셨다.

성령이 임하셨다는 표적이 방언이기 때문에 방언을 못하는 것보다는 하는 것이 나에게 덕이 되었다.

방언을 하려고 사모해서 속사람이 강건하여 능력 있는 삶을 살자.

5. 내 입으로 하는 말이 믿음이다

성경에 입의 말에 대하여 수없이 많이 기록 되어 있음을 본다.

그만큼 우리의 말이 중요함을 말씀하신다고 생각한다.

혀는 우리 지체 중에서 온 몸을 더럽힌다고 했다.

말에 실수가 없는 자이면 온전한 자라고 성경에 기록되어 있다.

일상생활에서 내가 하는 말에 귀를 기울여 보았는가?

교회에 가서 응답 받기위해 금식기도, 작정기도를 열심히 하고 집에 돌아 와서는 다시 문제를 바라보며 '힘들어 죽겠네, 큰일 났네, 어떻게 하지'하며 근심하고 염려를 했다. 또 사람을 바라보고 상처 받아 분하고 억울해하며 '미워 죽겠네, 짜증나 죽겠네, 억울해 죽겠네'라며 불평과 원망을 마구 쏟아 낸다.

이는 한 입으로 찬송과 저주가 나오고 있는 것이 아닌가?

나는 좋은 말만 하고 싶었다. 덕이 되는 말만 하고 싶었다.

그렇지만 내 속에 있는 것이 밖으로 나오는 것이기 때문에 속에 악독이 있으면 그것이 밖으로 나오는 것이었다.

성경은 말의 중요성을 많이 교훈하셨다.

입의 혀를 길들일 자가 없다고 하셨다.

"네 입의 말로 네가 얽혔으며 네 입의 말로 인하여 잡히게 되었느니라."(잠6:2) "사람은 입의 열매로 인하여 복록에 족하며 그 손의 행하는 대로 자기가 받느니라."(잠12:14)라고 교훈하시고 있다.

내 입으로 아무 생각 없이 쏟아내는 무수한 그 말들이 나의 믿음의 모습이다.

기도원 사역으로 많은 영혼들을 섬기다 보면 성령님께서 "원망 좀 하지 마라! 불평 좀 하지 마라! 짜증 좀 내지 마라! 마귀가 너를 미혹해서 원망 불평하게 하는 것을 아느냐 모르느냐?"고 책망하시는 것을 자주 듣는다.

마귀는 어떻게 해서라도 하나님의 약속을 의심하게 해서 소망되시는 주님을 믿지 못하게 미혹을 했다.

내 믿음이 근심, 염려하는 것이라면 내 믿음대로 근심 염려할 일이 생기는 것이었다.

내 믿음이 원망 불평하는 것이라면 내 믿음대로 원망 불평할 일이 생기는 것이었다.

어쩔 수 없었다. "네 믿음대로 될 찌어다"라고 하셨으므로 말한 대로 역사했다.

믿는 다고 하면서도 믿음을 갖지 아니하고 육으로 살아 주님을 보지 않고 환경을, 문제를 바라보고 사람을 바라보면 마귀의 미혹을 받아 실패한 그리스도인이 되는 것이었다.

"육신을 따르는 자는 육신의 일을, 영을 따르는 자는 영의 일을 생각하나니 .육신에 있는 자들은 하나님을 기쁘시게 할 수 없느니라."
(롬 8:5-8)

문제를 보며, 사람을 보며 원망, 불평하는 것은 믿음이 아닌 육에 속하여 있는 것이었다.

내가 섬기고 있는 기도원에 특별한 부부가 오셨다.

남편은 씀씀이가 너무너무 큰 분으로 도박과 술로 허랑방탕한 생활을 하시며 귀가 시간은 늘 12시를 넘기었고 도박으로 집을 두 채나 날리셨다고 했다.

친목계만 해도 서른 네 개가 된다고 했다.

아내 집사님은 시어머니를 모시고 사셨는데 시어머니와도 갈등이 심하셨다고 했다.

또한 설상가상 집사님은 친구에게 남편 몰래 제법 있던 돈 전부를 믿고 빌려 주었는데 부도가 나 다 날려 버렸다 하셨다.

고민 끝에 돈을 빌려 주식으로 돈을 벌어서 친구에게 날린 돈을 만회하고 1억 정도 더 벌면 남편과도 이혼할 생각을 세웠었다고 하셨다.

그런데 I.M.F가 와서 투자한 주식이 깡통계좌가 되었다고 했다.

엄청나게 불어난 빚을 주체할 길이 없어 고민하느라 불면증과 자살 우울증으로 병원 치료를 받아도 치유가 되지 않았다고 했다.

남편은 지방자치 의원 선거에서 낙선하면서 무질서한 생활로 당뇨와 고혈압, 대장암 3기의 진단을 받았다고 했다.

집사님의 결혼생활 36년 동안 계속되는 가정불화로 하루도 싸우지 않은 날이 없었다고 고백을 하셨다.

예수 믿으면 돈, 남편, 자식, 건강 등 모든 일에 만사형통하는 줄 알고 30년 동안 교회를 다녔었지만 그 동안의 삶은 지옥이었다고 고백하셨다.

결혼생활에 전혀 소망이 없자 한번은 자살하려고 수면제 한 주먹을 먹고 생명을 끊으려고 시도도 해 보았지만 실패했었다고 했다.

병원에서 자살 우울증이라고 진단 받아 병원 치료를 몇 년 동안 하였지만 차도가 없었다고 했다.

그런 절망의 나날을 보내고 있을 때 한 친구의 소개로 나를 찾아오셨다.

내 앞에 앉으신 집사님은 두려움과 공포로 온 몸을 떨면서 "권사님 나 좀 살려 주세요! 나 좀 살려 주세요!"라고 울며 간청을 하셨다.

내가 자살 우울증으로 고통 받고 계신 이 분을 어떻게 도울 수 있을까?

하나님 아버지께서 살려 주셔야지 내가 할 수 있는 것이 없다는 것을 알았다.

나는 집사님에게 "하나님 아버지께서 당신을 회복 시켜 주실 것입니다.”라고 말했다.

집사님은 살기 위해 참으로 열심히 집회에 참석하셨다.

집사님은 말씀을 통하여 그리스도가 자신 안에 계신 것을 깨닫고 회개하며 그 동안 엉뚱한 곳, 허공에다 대고 기도하던 것을 돌이켜 집사님 안에 계신 주님을 바라보고 사모하며 간절히 찾고 찾으셨다.

주님께서 그렇게 기도하고 찾는 집사님을 만져 주셨다. 나타내 주셨다.

언제 치료해 주셨는지, 자신도 모르게 건강이 좋아져 불면증과 자살 우울증에서 자유함을 얻게 하셨다.

그러던 어느 날 아내의 변화된 모습을 지켜보던 남편 집사님도 함께 나오셔서 사역을 열심히 받으셨다. 남편은 7년 동안 아들과의 갈등으로 교제를 끊고 살아오셨단다. 은혜를 받으시자 마자 바로, 아들에게 전화를 걸어 “아들아 내가 잘못했다. 용서해 다오!”라고 용서를 빌어 7년 동안 부자간의 막혔던 담도 무너져 내렸다.

또한 자신의 힘으로는 끊을 수 없었던 술과 담배를 성령님을 의지하니 끊게 되었다며 자랑하셨다.

금전적인 복잡한 문제도 다 정리가 되었다

하루가 멀게 서로 미워하고 원망하면서 언성 높이 싸워 왔던 가정이 이제 회복되셨다.

60세가 넘으신 이 부부는 결혼해서 지금처럼 행복한 적이 없으셨다며 자랑을 하셨다.

아내가 남편을 변화 시킬 수 없고 남편이 아내를 변화시킬 수 없었지만 성령님께서 새 사람으로 만드셨다.

영과 육을 새사람으로 만드신 것이었다. 참으로 신기하고 놀랍다.

우리 힘으로는 도저히 불가능 해 보이던 것도 내 안의 성령님을 의지하면 회복시키셨다.

부부는 이제 서로 미워하고 원망하며 불평하던 입술이 "예수님 때문에 행복해요! 고마워요! 감사해요!"라는 말만 하게 됐다고 했다.

만나는 사람들에게 "예수 믿으세요! 나 같이 엉망인 인생이 회복되었답니다!"라고 간증하며 자랑하신다고도 했다.

아침에 눈을 뜨면 "할렐루야! 오늘도 주님과 함께 행복 합시다!"라고 인사하며 기쁨으로 웃음소리가 집안 가득 하시단다.

이 부부는 지금 천국의 삶을 살고 있다.

기도원을 찾아오시는 분들에게 "잘 오셨습니다. 복 받으셨습니다!" 인사를 건네시며 변화된 자신들을 간증하신다.

고마우신 분들이다.

이처럼 우리는 십자가 밑에 모든 인생의 문제들을 내려놓고 회개하고 소망되시는 주님을 바라보고 믿음의 말을 해야 산다.

입으로 부정적인 말을 하게 하는 것이 미혹의 영이다.

그렇다면 입으로 시인하는 것이 믿음이라면 우린 어떤 말을 해야 옳은가?

내 입이 성령으로 할례가 되어야 한다고 생각한다.

그러기 위해서 할례 되지 못한 부정적인 입의 말들을 회개할 때 성령께서 우리를 도와 주셨다.

성령님은 우리를 살리시는 영이시다.

우리를 살리기 위해 예수님께서 죽으신 것이다.

소망되신 주님을 바라보고 믿음의 말을 하자.

이랬다저랬다 하지 말고 계속적으로 믿음의 말을 하자.

그럴 때 주님이 기뻐하신다.

생활 속에서 무슨 말을 많이 하면서 살고 있는 지 자신의 하는 말을 듣고 영분별 해서 미혹 받지 말아야 한다.

그러나 자기 스스로 결단해서 믿음의 말을 하는 것이 아니다.

이 또한 성령님이 도와 주셔야만 할 수 있다.

믿음의 말을 할 수 있도록 내 안에 계신 성령님께 내 입을 의탁하자!

제4부
나에게 맡겨주신 사역

1. 앞서서 행하시는 하나님

　노후 대책을 걱정하면서 우리 부부는 지방에 내려가 작은 기독교 백화점을 운영하기로 하였다. 장사에 경험이 없지만 기독교 백화점은 믿는 사람들을 상대하는 장사이기 때문에 세상 사람들을 상대로 하지 않는 좋은 직업이란 생각이 들어서였다. 모든 계획을 세우고 대전에 작은 건물을 구입 하고 대전으로 이사를 했다. 그런데 물질로 점점 어려움이 와서 기독교 백화점 운영을 포기하고 가게를 세놓게 되었다. 식당을 운영하는 분이 들어오셨다.

　세입자 부부는 어려운 가운데 열심히 장사하여 빚도 갚고 그러더니 자금의 여유가 있게 되자 다른 사업에 손을 댔다. 그러다 보니 자금이 부족하여 점포계약서를 담보로 돈을 빌렸다고 했다. 시간이 좀 흘렀는데, 세입자가 원금과 이자를 물지 못 하게 되자 어느 날 돈을 빌려 준 곳에서 집 주인인 우리를 상대로 재판을 걸어왔다. 우리 부부는 본의 아니게 재판에 말려들게 되었다. 점포계약서를 가지고 재판을 걸어 왔기 때문에 가게를 비워 주어야 월세 보증금을 지불 할 수 있지 않겠는가?

1년 동안 재판이 진행 되면서 세입자가 강제집행을 당하게 되었다. 세입자가 강제집행을 당하여 나가면 마치 우리가 세입자를 내 쫓는 것 같아서 마음이 아파 이사비용을 드려 강제집행 전에 나갈 수 있게 했다.

다시 비워진 가게를 이번엔 조건이 좋은 분과 계약하게 되었다.

새로 계약한 새 세입자는 몇 천 만원을 들여 리모델링을 하겠다고 했다. 그런데 계약 후 삼일 째 되는 날 사정이 생겨 못 들어온다고 해약을 했다.

아무리 어려운 일이 생겨도 하나님 아버지를 믿는 사랑하는 자녀에게는 감당하지 못할 시험은 허락지 않으신다고 하셨다. 그런데 왜 이런 일이 생기는지 이해가 되지 않았지만 생활 속에서 일어나는 모든 일을 그대로 주님께 아뢰었다. 내 형편과 처지를 아뢸 때마다 주님은 "걱정하지 마라 내가 돌보아 줄께! 괜찮다. 너는 내가 어떻게 하는지 두고 봐라!"라고 늘 위로의 말씀을 해 주셨다.

가게 해약 이틀 후 구청에서 점포와 붙어있는 가건물에 대한 철거 명령공문이 왔다.

집 구입 때부터 있던 건물이어서 이 가건물을 헐어야 되겠다고 생각해 본적이 없었고 전 주인이 쓰던 대로 인수 받았었다.

이사 온지 10년 이상 아무 문제없이 살았고 옆집들도 가건물들이 붙어있다.

어느 분이 자기 집만 철거되는 것이 분하여 모두 신고를 했다고 한다.

하나님 아버지는 이미 구청에서 철거명령이 나올 것을 아시고 1년 전부터 역사 하셨던 것이었다.

우리는 아무것도 모르고 있었지만 주님이 가건물을 주방으로 사용하던 세입자를 내 보내고, 몇 천 만원 들여 인테리어 하겠다던 세입자와 해약하게 하셨다.

주방으로 쓰고 있거나, 리모델을 한 후에 이런 철거명령을 받았으면 어떻게 할 뻔 했단 말인가?

나는 주님께 재판 할 때부터 모든 상황을 자세하게 아뢴 것 밖에 없었는데 주님이 이 점포를 비우시지 않았다면 철거를 위해 세입자에게 모든 손해배상을 해 주었어야했다. 주님께서 앞서서 역사하신 것이었다.

어찌 이런 일이!

정말 주님께서는 자녀들을 돌보시고 인도하시고 계셨다.

놀랍다.

그 당시는 안 풀리는 것 같고 어려움이 생긴 것 같지만 나보다 앞장서서 행하시는 하나님 아버지 시다.

내일 무슨 일이 일어날지 나는 아무것도 몰라도 주님은 아신다.

철거 후 전보다 더 좋은 분을 보내 주셨다.

우리 가정을 돌보아 주시는 주님께 감사드린다.

기독교백화점을 운영하겠다고 대전에 내려온 나는 좋은 교회로 인도받아 영성이 회복되었고 지금은 기독교백화점 자리에 기도원을 세워 주셔서 준비된 영혼들을 섬기고 있다.

내 마음 하나 지키지 못하고 절망했던 나를 회복시키신 주님이시다.

생명을 살리는 사역자로 쓰시고 계신 것이었다.

어찌 나에게 어찌 이런 은혜를!

2. 너는 내 증인이다

"입으로 들어가는 것이 사람을 더럽게 하는 것이 아니라 입에서 나오는 그것이 사람을 더럽게 하는 것이라. 입에서 나오는 것들은 마음에서 나오나니 이것이야 말로 사람을 더럽게 하느니라. 마음에서 나오는 것은 악한 생각과 살인과 간음과 음란과 도둑질과 거짓증거와 비방이니 이런 것들이 사람을 더럽게 하는 것이요 씻지 않은 손으로 사람을 더럽게 하지 못하느니라."(마15:18-20)

사람의 마음을 주님은 더럽다고 하셨다.

더러운 인간의 마음을 주님께서는 마음이 부자라고 말씀 하셨다.

예수님은 "심령이 가난한 자가 복이 있나니 천국이 저희 것이라"

고 하셨는데 빛으로 오신 주님을 바라보아야 부자인 내 심령이 보여졌다.

성령님과 교제를 해도 하루아침에 내가 변화되어 주님의 인격으로 바꿔지는 것은 아니다.

남에게 상처도 주고 실수를 해서 욕을 먹게 될 때가 있으며 화도 내고 다른 사람을 정죄하고 미움이 속에서 올라 올 때도 있다.

아직도 내 속에 처리 되지 않은 육신의 정욕이 올라오는 것을 보고 "주님, 나는 이렇게 죄 짓는 능력만 있는 것이 나입니다. 상대방에게 실수만 합니다."라고 고백하면서 "성령님께서 순간순간 도와주시지 않으면 나는 넘어 질 수밖에 없는 연약한 사람입니다."라고 나는 주님께 고백을 했다.

주님께서는 내 들보만 보라고 하셨지 남의 티를 보라고 하시지 않았다.

주님을 바라보아야 내 들보가 보인다.

심령이 가난한 분은 주님이시다.

성령님의 임재가 강할수록 돌같이 굳은 마음이 언제 부드러운 마음으로 바뀌는지 자신도 모르게 변화되어 가고 있는 자신을 발견하게 되었다.

주님은 마음이 가난한 심령을 원하셨다.

지금 내가 가고 있는 이 길이 옳은 길인지 옳지 않은 길인지 주님 앞에 가 보아야 알겠지만 내가 가는 이 길이 옳다고 믿어지는 이유는 내가 주님의 인격으로 변화되어 가고 있다는 것이다.

성령의 열매가 내 삶속에서 맺어져 가고 있다는 것이다.

내 기쁨이 아닌 주님의 기쁨과 평화와 감사가 넘치고 있다는 것이었다.

나의 마음에 에덴이 회복되어가고 있다,

말씀에 순종할 수 없었던 내가 순종하며 산다.

변화되어 가고 있는 내 자신을 내가 알고 내 가족이 알고 내 주위에 아는 사람들이 느끼고 증명하고 있다.

"제가 만난 주님을 저는 절대 놓칠 수 가 없습니다."라고 고백한다.

내 영이 어릴 때는 영적인 말씀을 육으로 받아 들였었다.

"내가 너희에게 이른 말이 영이요 생명이라"(요 6:63)

영이 아직 어려서 분별하지 못하면 주님은 영이 분별할 때까지 기다리시면서 깨닫게 하셨다.

주님과 만나 교제한지 6년이 지났다.

그 동안 주님의 인격으로 다듬어 주시고, 말씀을 가르쳐 주시고, 내 속사람을 자라게 하셨다.

주님이 나의 보배가 되게 하셨으며, 주님 한 분으로 만족할 수 있도록 내 영을 성장시키셨다.

하나님의 깊은 것이라도 모르시는 것이 없으신 통달의 영이신 성령님은 무엇이든지 내가 질문을 하면 내 안에서 들으시고 답을 해 주셨다.

주님과 친밀한 교제를 하면서 살게 하신 주님께 감사하다.

어찌 이런 은혜를, 어찌 이런 사랑을 받게 하시는지 고맙고 감사할 뿐이었다.

오늘도 내 안에 주님만 바라보며 기도하는데, 주님이 말씀하셨다.

"너는 내 증인이다. 너는 나를 보잖아, 너는 나를 알잖아, 너는 나를 믿잖아!"

"내 대신 네가 나를 증거해 주어야 되지 않겠니?"

"증인은 주님을 만난 자가 증인이 될 수 있는 거야."라고 말씀하셨다.

"너는 기름 부어 세운 내 종이다."

"종은 주인이 시키는 대로 순종만 해야 되지 않겠니?"

"내가 네게 준비된 영혼을 붙여 줄 거야."

"내가 너에게 역사하고 나타날 거야."

"너는 죽은 자를 살리는 사명이 있다."고 말씀하셨다.

6년 전에 전도하려고 명함을 찍었을 때 "네가 나를 위해 무슨 공로를 세우려고 하느냐?"고 하시던 주님이신데 이제 내 영을 성장 시켜 주시더니 쓰실 때가 된 것인지 쓰시려 했다.

주님 말씀을 듣고 놀라웠다.

"주님, 내 몸 좀 보세요. 다른 사람들 보다 다리에 힘도 없어 걸음도 많이 걷지 못 하구요, 체력도 딸려서 살림도 제대로 못 하는 것 아시잖아요. 왜 저같이 약한 것을 쓰시려 하십니까?”

“이런 약한 몸으로 어떻게 주님의 도구가 될 수 있어요? 내 믿음이나 잘 지키면서 주님 사랑하며 살다 주님 품에 안기고 싶습니다.”

“영혼의 병, 육신의 병을 모두 주님이 만져 주셔서 은혜로 치유를 받아 자유함을 얻었지만 저는 태어나면서부터 다른 사람들보다 약하게 지으셨잖아요.”라고 기도 드렸다.

주님께서는 “내가 너를 지어 이 땅에 보낼 때 다른 사람들 보다 약하게 지었다. 왜 약하게 지었는지 아니? 내가 너를 통해서 영광을 받기 위해서다. 네 다리가 약해 보여도 백리를 걸을 수 있다.”라고 말씀하셨다.

“약한 자를 들어서 강한 자를 부끄럽게 한다고 하지 않았니? 미련한 자를 들어서 지혜로운 자를 부끄럽게 하시는 하나님이라고 성경에 기록하지 않았니?”

내가 약하고 미련하므로 쓰신다고 하시니 더 무슨 할 말이 있겠는가?

“주님! 저는 아이같이 어린 것 아시지요? 아무것도 모르는 것 아시지요? 주님이 일 하세요. 아버지께만 영광이 되고 싶습니다.”

“준비된 영혼을 붙여 주신다고 하셨다.”

“강선아, 지금 이 시간에도 수많은 영혼들이 강물에 떠내려가면서 살려 달라고 아우성치는데 너 저 영혼들을 어떻게 할래?”

“네가 내 대신 구원해야 되지 않겠니?”

주님의 음성을 듣고 “주님, 내가 구원 해야지요. 그런데 내가 어떻게 해야 되나요? 도와주세요.”라고 기도했다.

주님은 나에게 영혼 사랑하는 마음을 주신 것 같다.

하나님 아버지를 모르고 자기 고집과 아집으로 사는 영혼들이 불쌍해서 기도하면 가슴이 저려오고 미어지는 아픔이 있다.

불쌍한 영혼들을 위해 몇 시간씩 통곡하며 기도하게 하셨다.

"도와주세요, 주님! 주님 만나면 저들도 행복한 삶을 살 수 있을 텐데. 주님을 바라보지 못하는 저 영혼들이 불쌍합니다."

어느 날 기도 중에 "강선아! 네 발은 평화다."라고 말씀하시면서 나의 손이 주님의 손이 되어 발바닥을 만지셨다. 이상하다 내 발이 평화라고 말씀하심이 무슨 뜻인지 이해가 되지 않았다.

나는 주님께 물었다.

"내 발을 어찌 평화라고 말씀하십니까?"

잠시 후 성경에 "마귀의 궤계를 능히 대적하기 위하여 하나님의 전신갑주를 입으라. 평안의 복음의 예비한 것으로 신을 신고."(엡 6:11,15)라고 기록된 말씀을 알게 해 주셨다.

성령님께서 평화의 복음의 신을 신겨 주신 것이었다.

내가 가는 곳에 평화가 있다.

평화가 되시는 성령님과 함께 가기 때문이었다.

내가 전신갑주로 무장하는 것이 아니다.

하나님 아버지께서 무장 시켜 주시는 것이었다.

3. 주님이 일 하시네요

대전에서 잘 알고 지내던 집사님이 식사 대접을 하면서 자기 집으로 데리고 가 나에게 "기도를 받고 싶었다."고 간청을 했다. 깜짝 놀라 거절을 했다.

"가족 외엔 손을 얹고 기도해 본적이 없고 생각해 본적이 없었어요."라며 거절을 했다. 강하게 거절을 해도 간청을 하면서 내 무릎을 베개삼아 누워 버렸다. 이 집사님은 가게에 앉아 있는데 안에 계신 성령님이 "권사님에게 기도를 받으라!"고 3번이나 말씀을 하셨다고 했다.

어쩔 도리가 없어 "예수님의 이름으로 손을 얹겠습니다."하며 살짝 손을 댔는데 순간 성령님의 나타나심이 강하게 있으면서 어두움을 몰아내 주시며 엉엉 울고 토했다. 또 그 집사님의 영은 기저귀를 찬 아기라고도 말씀하셨다. 이튿날 집사님이 집에서 기도를 하는데 성령님의 나타나심이 있으면서 피가 넘어오도록 계속 토했다고 했다.

이 체험이 있은 후 집사님 안에 있는 어두움이 떠나고 난 뒤 속에서 성령님이 주시는 기쁨으로 충만해지면서 꽃과 식물들과 대화가 되더란다.

집사님이 기뻐서 웃으면 꽃들도 따라 같이 웃고 주님의 은혜에 감사해서 울면 꽃들도 따라 울더란다.

어찌 이런 일이? 주님께 쓰임 받는 나도 깜짝 놀랐다. 참으로 신기했다.

이것이 내 사역의 첫 출발이었다.

"준비된 영혼을 내가 붙이겠다."고 주님이 말씀 하신대로 나를 아는 분들이 변화된 내 모습을 보고 "나도 권사님처럼 주님과 동행하며 변화 받고 싶다."고 나에게 격려와 주님에 대한 사모함을 말했다.

내가 잘 아는 권사님으로부터 울면서 " 살려 주세요!"라고 전화가 왔다.

"30년 이상 부부가 같이 살면서 가정불화로 더 이상 견딜 수 없어 자살하려는데 권사님 생각이 나서 전화를 했어요."

"권사님, 나 좀 살려 주세요!"

엉엉 울며 전화를 하셨다.

나는 그 권사님에게 "권사님, 지금 전화를 끊고 저에게 살려달라고 간청 하셨듯이 권사님 안에 계신 능력의 주님께 살려달라고 기도 하세요. 저도 이 시간 권사님위해 기도할게요." 라고 위로의 말과 기도할 것을 권했다.

내가 어떻게 권사님을 살릴 수 있겠는가? 주님께서 살려 주셔야지.

권사님을 자살하게 하려고 하는 영을 역사하지 못하도록 중보기도한 후 권사님에게 6일 동안 나와 같이 지낼 준비를 하고 우리 집으로 올라오시도록 권했다. 이튿날 시골에서 권사님이 올라 오셨다.

"권사님은 영혼이 병든 영적인 환자입니다. 6일 동안 영적 병원에 입원했다고 생각하시고 나하고 같이 계세요!"

나는 권사님에게 내색은 못했지만 악한 영에 사로잡힌 권사님이 무서웠다.

권사님을 어떻게 섬겨 드려야 할지 몰라 주님께 아뢰었다.

"주님, 제가 어떻게 섬겨야 되나요?"

첫날 식사 대접을 하고 함께 예배를 드리자고 했다.

말씀을 전하고는 기도를 해야 될 텐데 악한 영에 사로잡힌 권사님이 무서워서 속으로만 주님께 기도 드렸다.

"아버지, 나는 무서워서 손도 못 대겠습니다. 어떻게 섬겨야 하나요?"

주님께서 말씀 하셨다. "두려워하지 마라! 내가 역사 할 것이다."

주님의 음성을 듣고서야 용기를 얻어 예수님을 의지하면서 권사님 배에다 손을 살짝 얹었다.

그런데 웬 일인가? 권사님의 배가 파도처럼 꿈틀거리고 뒤집어 지더니 계속 토했다. 하루 세 번씩 예배를 드리면서 사역을 하는데, 예배시간 마다 놀랍게 역사 하시는 것이었다. 권사님은 울기만 했다. 식사 대접을 하면서 사역을 해야 되는데 잠이 안와 이틀 밤을 꼬박 새웠다. 내 몸이 너무 지쳐서 주님께 아뢰었다.

"오늘 밤도 못자면 사역을 할 수가 없습니다. 너무 힘들어서 입니다."

3일 째 되는 낮 예배시간에 성령님께서 권사님에게 역사하는 어둠의 영을 결박 시켜 주시는 것이 아닌가? 놀라웠다.

내 영이 악한 영 때문에 긴장이 되어 잠을 잘 수 없었던 것이었다.

5일간 사역으로 섬길 때마다 성령님께서 놀랍게 역사하셨다.

권사님도 이런 체험은 처음이라며 매우 놀라워하셨다.

어두웠던 얼굴이 환해졌다.

권사님은 나의 사역을 받고 보니, 자기 안에 계신 주님을 잊어버리고 살았기 때문에 삶이 지옥이었다는 것을 깨닫게 되었다고 했다.

5일 동안 사역을 받은 권사님은 "내일 토요일엔 집으로 돌아가 남편을 만날 텐데 걱정이 돼서 못견디겠어요. 권사님이 기도해주세요" 걱정하는 권사님을 위해 주님께 같이 기도했다.

권사님 안에 계신 주님께서 기도를 들으시고 "나와 같이 가자!"라고 말씀 하셨단다.

"권사님은 주님의 부드럽고 인자하신 음성을 듣고 감격이 되어 밤새도록 울면서 기도 했어요."라고 고백의 간증을 하셨다.

주님은 급한 사람은 급한 대로 만나 주시나 보다.

6일째 되는 날 권사님은 환하게 웃으시면서 말했다.

"여기 올라 올 때는 혼자 왔지만 집에 갈 때는 주님과 같이 가게 되어 기쁜 마음으로 가요."

그 말을 하고는 다시 눈물을 훔쳤다.

권사님을 고속버스에 태워드리고 작별하고 집으로 돌아오는 길에 내 안에 계신 주님께 "주님! 기쁘시지요! 권사님 이제 집에 가셨어요." 말씀드리는데 갑자기 내 속에서 큰 소리로 울음이 터져나왔다.

내 속에서 성령님이 슬프게 우시니 당황이 되었다.

"권사님이 주님과 같이 가시는데 왜 우세요?"

나는 주님께 물었다.

울고 싶지 않았는데 길을 걸으면서 내 속에서 성령님은 계속 우셨
다.

주님은 사랑의 음성으로 "강선아, 고맙다!"하시며 울기만 하셨다.

6일 동안 밥해 드리고, 말씀 전하고, 사역으로 섬기는 것을 주님께
서 보시고는 나에게 "고맙다!"고 하시니 나는 감격했다. 나는 다만 주
님의 도구로 쓰임 받게 된 것으로 감사 할 뿐인데 성령님은 고맙다고
하셨다.

이튿날 권사님에게서 전화가 왔다.

"집에 도착해서 하룻밤을 자고 아침에 세수를 하려는데 속에서
'사랑하는 딸아 네가 먼저 남편에게 용서를 빌면 안 되겠니?'라는
주님의 음성을 듣고 용기를 얻어 남편에게 무릎을 꿇고 '당신을 사
랑하지 못하고 상처만 줘서 미안해요'라고 용서를 빌었어요."

평소 같으면 오히려 큰소리를 치면서 호통을 쳤을 남편은 갑자기
태도를 바꾸면서 '내가 더 잘못한 것이 많아.'라고 말하면서 서로
용서를 구하여 서로 끌어안고 울었다고 말했다. 그리고는 나에게
거듭 거듭 고맙다고 하셨다.

"주님이 하셨지요. 감사 합니다. 영광 받으세요."

이후부터 한 분 한 분의 영혼들을 붙이시며 섬기게 하시는데, 인생
에 실패하여 절망하고 계신 분, 병으로 고생하시는 분, 물질로 어려
움을 겪고 계신 분, 상처받고 죽고 싶었다고 하시는 분, 가정이 파탄
직전에 계신 분들이었다.

나는 주님께 아뢰었다.

"왜 나를 만나자고 하는 사람들은 힘들고 어려운 사람들만 있지요?"

나는 투정 아닌 투정을 하였다.

주님께서는 말씀 하셨다.

"그런 사람들이 준비된 영혼들이야.

그렇다. 문제가 없으면 주님 만나기가 참으로 어려운 것 같다.

시련과 아픔이 있어야 주님을 찾게 되는 것을 깨닫게 되었다.

주님을 잃어버린 실패한 그리스도인들. 내가 그렇게 살지 않았던가?

이제 나는 하나님 아버지의 사랑을 전하여 그분들도 행복한 삶을 살 수 있도록 최선을 다해 섬기고 싶은 마음 뿐이다.

학교 동창친구들과 한 달에 한 번씩 만나 교제하는 모임이 있다.

만나면 반가움에 남편 이야기, 자식얘기, 세상 이야기로 수다를 떤다.

나는 할 말이 없어 가끔 나가 식사만 하고 돌아오곤 했다.

어느 날 그 모임의 한 친구에게서 전화가 왔다.

"강선아, 나 죽을 것 같아."

친구의 전화를 받고 괴로워하는 친구를 내가 사역하는 교회로 오라고 했다. 친구가 찾아 왔다.

성도들은 그 친구 얼굴을 보고 '무섭다'며 놀랜다.

예배를 마치고 예수이름으로 친구의 가슴에 손을 얹고 기도를 하는데 주님께서 "마귀가 너를 죽이려고 하는 것 아느냐?"고 물으셨다.

친구가 사망으로 끌고 가는 악한 영에 지배를 받고 있다는 것이 무서웠다.

이튿날 친구는 중환자실로 옮겨졌다고 했다.

며칠이 지나 그 친구 남편에게서 전화가 왔다.

"아내가 중환자실에 입원했는데 기도해 주세요!"

나는 친구 남편의 기도 부탁을 받으면서 마음이 아팠다.

난 이런 전화를 받으면 참으로 마음이 아프고 안타깝다.

문제가 생기기 전에, 시련이 오기 전에 믿음을 가지고 살면 얼마나 좋으련만, 중환자실에 입원했는데 어떻게 섬기란 말인가?

친구는 중환자실에 9일간 입원해 있었으며, 만성폐쇄성폐질환으로 수술도 할 수 없고 재생도 되지 않는다고 하여 퇴원하고 집으로 돌아와 하루에 16시간을 산소 호흡기를 끼고 있어야 하며 아무 일도 하면 안 된다고 했다.

의사선생님은 "아주머니 상태는 최악입니다. 왜 이렇게 될 때까지 참았어요."라고 하더란다.

친구의 아들은 울면서 "내가 이 나이에 어머니의 이런 모습을 보아야 돼요?"라며 통곡을 하더란다.

"의학적으로는 고칠 수가 없습니다. 폐에 있는 꽈리가 다 망가져 수술도 할 수 없습니다."라는 의사선생님의 최후 통첩을 받고 가족들은 모두 절망에 빠져 있었다.

기침이 심했고 숨소리도 매우 거칠었다. 옆 사람이 보기에도 무서울 정도로 심했다.

의학적으로는 고칠 수 없어 퇴원을 하고 집에 왔는데 죽음의 사자는 집에까지 따라와서 방안에 사람이 없으면 계속 보인다고 했다.

우연히 책상 서랍을 열어 보게 되었는데 친구가 죽으면 보낼 부고 명단을 남편이 준비해 놓은 것을 보곤 섬뜩했다고 한다.

영정 앞에 놓을 사진도 같이 있었다고 했다.

50대 후반 밖에 안 되었는데 이렇게 죽어야 하나 생각하니 슬픔이 밀려왔다고 했다.

중환자실에 있을 때는 검은 옷 입은 죽음의 사자(TV에서 보던 모습과 똑 같은 모습이란다) 세 명이 눈을 떠도 보이고 감아도 보여 무서웠다고 했다.

나는 주님께 물었다.

"친구가 불쌍해요. 주님 어떻게 섬겨야 하나요?"

주님은 말씀하셨다.

"그도 내가 사랑하는 딸이다. 그래서 내가 너를 보내는 것이다, 내가 어떻게 하나 두고 봐라!"

주님의 음성을 듣고 다른 친구와 함께 집으로 방문을 했다.

친구의 얼굴을 가까이 보고 무서워서 깜짝 놀랐다.

입술과 얼굴색이 어두운 청색이고 죽음의 공포에 사로 잡혀 있는 것을 볼 수 있었다.

이 친구는 성당에 다녔었다.

나는 친구에게 복음을 전하였다.

청주에서 대전까지 대중교통을 이용하여 오가면서 사역으로 섬기는 일이 쉽지가 않았다.

그래도 매일 찾아가 복음을 전하고 기도로 도왔다.

삼일 째 되는 날까지 아무런 역사가 없으셨다.

나흘째 되던 날이었다.

복음을 전하고 예수님 이름으로 가슴에 살짝 손을 얹고 기도를 하는데 성령의 나타나심이 강하게 있으면서 도구로 쓰임 받고 있는 나는 한 겨울인데도 큰 땀방울이 뚝뚝 떨어졌다.

성령님이 친구를 강하게 만져주시며 죽음으로 끌고 가는 악한 영을 몰아 내 주시는 것이 아닌가?

어찌 이런 은혜를, 어찌 이런 사랑을 주시는지 놀랍고 참으로 신기했다.

"주님이 역사 하셨지요. 주님, 감사합니다."

주님이 말씀하셨다.

"회개하고 나를 믿으면 생명을 연장해준다."

"살고 싶은 만큼 살게 해 준다."고 하셨다.

친구는 하염없이 엉엉 울기만 했다.

나는 친구에게 "내가 예배를 마치고 집으로 돌아간 후에 너 혼자 있을 때 네 안에 계신 주님 바라보고 성령님을 의지하고 기도하면 성령님께서 계속적으로 너를 만져주실 거야.”라고 말해주었다.

친구는 그 말을 듣고 혼자 있을 때에도 계속 기도를 했단다.

그런데 몸을 가누기도 힘든 사람이 두 손이 하늘로 향해 쭉 뻗쳐 마주 붙여지더니 왼쪽으로 90도 돌려지고, 오른쪽으로 90도 돌려지는 체험을 몇 번 경험하게 되었다고 말했다.

이후부터 몸이 새털같이 가벼워졌고 마음속에서 다 나았다는 믿음이 생겨졌다고 했다.

성령께서 죽음으로 끌고 가려고 하는 악한 영을 쫓아 내 주신 이후부터 눈에 보였던 죽음의 사자가 안 보인다고 했다.

성령체험을 한 이후부터 친구는 회개하며 자신 안에 계신 주님을 의지하고 사모했다.

성당에 다니면서, “착한 일을 많이 하면 천국 가는 줄 알았고, 예수님을 마음에 영접하여 믿음으로 사는 것은 몰랐다.”고 했다.

그 이후로 친구 안에 계신 성령님께서 지금도 계속해서 만지셨다.

죽는 날까지 하루하루를 16시간씩 산소 호흡기를 끼고 살아야 했던 친구는 점점 회복이 되면서 2년이 지난 지금은 한 달이 지나도록 호흡기를 끼지 않았다고 했다.

당 수치도 200이상 이었는데 정상이 되었으며 고혈압도 정상혈압이 되었고 심장 박동 수치가 130이었던 것이 지금은 70-80의 정상 수치가 되었다.

심하게 하던 기침도 멈추었다. 거칠었던 숨소리도 정상으로 회복되었다.

담당의사선생님은 친구를 보며 "다른 사람 같으면 그런 증상이 일단 나타나면 걸음도 못 걷고 삐쩍 말라 죽음을 기다려야 할 상황인데 의학 상식으로는 이해가 안 됩니다."라며 놀라워했다고 했다.

지금도 주님은 살아 계셔서 사모하는 자에게 은혜를 베푸시는 전능자이시다.

간절히 찾는 자에게 만나주시는 사랑의 주님이시다.

친구는 기독교로 개종했다.

죽을 목숨 살려주신 은혜에 감사하며 날마다 감사의 눈물을 흘리면서 주님을 사모한다.

변화된 삶을 살게 하신 것이다.

친구의 육신의 고통이 그 영혼을 정결케 하셨다.

"모든 영광을 아버지께 돌립니다."

모르는 분에게서 전화가 왔다. 그리고 찾아오셨다.

사십대 후반으로 보이는 분인데 "어떻게 오셨느냐?"고 물어도 대답이 없었다.

"권사님의 영이 깨끗한 분이라는 소문을 듣고 왔습니다." 라고만 했다.

"나는 예수 공로로 사는 사람이지 깨끗한 사람은 못 돼요." 라고 말했다.

복음을 전하고 기도를 하는데 주님께서 말씀 하셨다.

"너는 죄악의 길에는 서지도 말고, 악인이 꼬여도 꼬임 받지 말고,

오만한 자리에 앉지도 말라고 성경에 기록 해 놓지 않았느냐? 왜 너는 꼬임을 받아 죄악의 길에 서 있느냐?"고 책망하시며 성령께서 화를 내셨다.

이 분은 기도를 받더니 깜짝 놀라며 엉엉 소리 내어 운다.

나는 속으로 이 분은 하나님 아버지가 보실 때 기뻐하지 않는 행동을 하고 있구나 하고 느꼈다. 어쩔 줄 몰라 하며 한참을 울더니 고백을 했다. 자기는 전도사인데 남편 몰래 간음을 하고 있단다.

"너무 괴로워서 찾아 왔어요."

"이제 내가 어떻게 해야 할까요?"라고 질문을 했다.

"죄라는 것을 알지만 상대방이 너무 좋아서 헤어질 수가 없어서 더욱 괴로워요."

그렇게 말하면서 돈 문제까지 개입 되어 있다고 했다.

나는 전도사에게 말했다.

"남편보다 더 좋은데 당신 의지로 어떻게 끊을 수가 있겠습니까? 회개하시고 당신 안에 계신 성령님을 의지 하세요. 성령님께서 당신을 도와주실 것입니다."

"매일 생활 속에서 자주 성령님을 의지 하세요. '성령님 내 의지로는 끊을 수 없습니다. 아버지께 영광이 될 수 있도록 도와주세요.' 라고 기도하세요."

그리고 또 말해주었다.

"성령께서 이 문제를 개입하셔서 역사 하실 때까지 계속적으로 성령님을 의지해야 합니다."

몇 달이 지나서였다. 그 전도사님이 나에게 찾아와서 간증을 하셨다.

"어떤 문제가 생기면서 교제했던 분과 크게 다투게 되었어요. 그 일 후로 자기 마음을 바꾸시더니, 상대방의 마음도 바꾸어 주셔서 이제는 헤어졌다."고 하셨다.

성령께서 돌보아 주신 것이었다. 역사하신 것이었다.

우리 힘으로는 죄를 이길 수 있는 능력이 없다.

그러나 우리 안에 계신 성령님이 도우시면 승리 할 수 있다.

"주님이 역사 하셨지요! 감사합니다."

주님께서 "너는 내 증인이다. 내 종이다. 준비된 영혼을 붙이겠다."고 말씀하신 이후부터 3개월 동안 한 분 한 분이 전화를 해서 도움을 청했다.

사역자가 되기 이전에는 전화하는 사람도 찾아오는 사람도 없어 외롭고 고독해 주님과만 교제하며 지내 왔는데, 지금은 나를 찾는 사람들이 생겼다.

만나자는 전화를 받고 외출하여 길을 걷는데, 내 속에서 주님이 말씀하셨다.

"강선아! 너 보고 싶어서 만나자고 하는 줄 아니? 네 안에 내가 있으니까 나 보고 싶어서 만나자고 하는 거야."

주님의 음성을 듣고는 또 깜짝 놀랐다.

"그래요. 맞아요. 내가 뭔데 나 보고 싶어서 만나자고 하겠어요? 내안에 주님이 계시니까 주님을 만나고 싶어서 그렇겠지요."

"같이 가자. 강선아! 그 딸도 내가 보고 싶어 하는 딸이다!"

주님은 내가 교만하지 않도록 낮추셨다.

"감사합니다. 주님! 주님은 내 사랑 이십니다."

사역자가 된 나를 주님이 머리부터 온 몸을 다 만져 주셨고 마음의 병까지 치유해 주셨는데 한 가지 치유해 주시지 않은 것이 있다.

위장병이었다.

위 무력증, 위아토니, 위하수로 고생을 하고 있었다.

항상 위가 더부룩하고 답답하여 신경이 쓰인다.

병원과 한방치료를 받아도 전혀 차도가 없었다.

주님께 아뢰었다

"밥을 먹지 않아도 위가 답답합니다. 주님 왜 그래요? 어떻게 해야 되나요? 이 부분만 빼면 영과 육의 자유함을 주셨는데, 왜 위장은 고쳐주지 않으세요? 이것도 치유해 주세요!"

기도하면 주님은 "괜찮다."라고만 하셨다.

하루는 진지하게 안타까운 심정으로 "왜 주님은 내가 위 때문에 기도하면 괜찮다고만 하십니까? 괜찮다고 하시면, 증상까지 없애주셔야 괜찮은 것 아닙니까? 나는 불편하고 거북한데 괜찮다고 하시는 말씀이 납득이 가질 않습니다. 이해가 되도록 말씀 좀 해 주세요."라고 기도 했다. 내 기도를 들으신 주님은 내 속에서 큰소리를 내시며 엉엉 우셨다. 나는 울고 싶은 심정이 아닌데 내 속에서 성령님이 우셨다.

"강선아, 네가 괴롭고 힘든 것 내가 왜 모르겠니? 내가 왜 고쳐주지 않는 줄 아느냐? 너는 교만하면 안 되잖아. 내가 너에게 영광만 받아야 되잖아. 그것은 병이 아니다. 그것 때문에 네가 죽진 않는다."

주님은 나에게 말씀하시면서 엉엉 우셨다.

내 불편함을 아시고 안타까워하시는 것이었다.

나는 주님의 음성을 듣고는 주님께 나의 마음을 아뢰었다.

"주님! 내가 뭔데 나를 이처럼 사랑하십니까? 내가 생각 할 때는 고통을 주지 않아도 교만 하지 않고, 주님 사랑만 할 것 같은데. 주님이 보시기에는 내가 그렇게 보여졌다면 더 이상 고쳐 달라고 하지 않겠습니다. 내가 이해 할 수 있도록 말씀해 주셔서 감사 합니다."

주님께 말씀드리고 아버지 사랑에 감사하여 울고 또 울었다.

주님의 음성을 들은 이후로는 불편해도 신경을 쓰지 않았다.

잊어버리고 산다.

하나님 아버지는 나를 지으셨기 때문에 너무도 잘 알고 계셨다.

주님의 선하신 뜻대로 나를 인도하시며 돌보아 주시는 분이시다.

아버지의 사랑을 바로 알아 아버지의 뜻대로 순종하는 것이 복이다.

4. 마음의 소원을 이루어 주셨어요

아들과 딸이 결혼 적령기가 넘어 걱정이 되었다.

세상살이 하다보면 걱정 근심 될 때가 많이 있다.

그러나 문제보다 크신 하나님 아버지가 내 안에 계시기 때문에 주님께 아뢴다.

"수고하고 무거운 짐 진 자들아 다 내게로 오라"하신 주님이 내 안에 계시기 때문이다.

"아들은 32살 딸은 29살이 되어도 짝이 없습니다. 성경에 생육하고 번성하여 땅에 충만한 복 주신다고 약속하셨잖아요? 후손이 천대의 복을 받게 해주신다고 약속하셨잖아요? 아들은 결혼을 하지 않겠다고 합니다. 결혼을 해도 40-50이 되어서나 하겠다고 하니 이런 말을 들을 때마다 마음이 상합니다. 주님 어떻게 해요 아들 배필이 어디 있나요? 딸은 선을 보는 사람마다 마음에 들지 않는다고 거절을 합니다. 마음에 들지 않는 사람과 살 바엔 차라리 혼자 사는 것이 낫다고 해요. 딸 배필은 어디 있어요? 친구 자녀들은 거의 다 결혼을 했고 우리 자녀들만 혼자인 것 같이 느껴져요, 어떻게 해요? 믿음의 자녀와 결혼을 해야 되잖아요."

주님께서 내 기도를 들으시고 말씀하셨다.

"남편을 사랑하고 부모님을 공경하는 리브가와 같은 지혜롭고 현숙한 여인을 만나게 해 줄게. 아내를 사랑하고 부모를 공경하는 사위를 만나게 해 줄게. 딸을 지어 이 땅에 보낼 때 부모를 공경하는 마음을 주어서 이 땅에 보냈다."

문제가 있을 때마다 주님께 아뢰면 먼저 약속을 해주셨다.

약속하신 것을 이루시는 것도 아버지 마음이시다. 약속하신 말씀을 믿고 감사하며 기다리면 약속하신 말씀을 이루어 주실 것을 알지만 2년이 지나도 배필이 안 나타났다. 주님께서 "좋은 배필을 만나게 해 주겠다."고 약속해 주신지 2년이 지났는데 아직도 나타나지 않았다.

또 주님께 물어본다.

"주님, 아들딸이 아직도 임자가 없습니다. 만나는 사람마다 다 싫다고 합니다." 걱정이 되어 아뢸 때마다 주님은 말씀하신다.

"걱정하지 말라니까 내가 보내 준다고 약속 했잖아? 내가 좋은 사람 만나게 해줄께. 너는 감사만 해. 내가 너에게서 영광만 받아야 되잖아!"

주님은 끊임없이 나를 안심시켜주시고, 위로해주셨다.

딸이 청주에서 대전으로 발령이 났다.

각 과에 인사하러 갔다가 한 총각이 딸을 보고 첫눈에 반했다고 했다.

딸은 직장에서 배드민턴을 치는 총각을 멀리서 보고는 한 눈에 반했다고 했다.

그런데 딸이 첫눈에 반한 사람이 사무실에 인사하러 갔을 때 딸을 보고 첫눈에 반한 그 사람이었다고 했다. 자연스럽게 두 사람은 6개월의 교제 후에 결혼을 하게 되었다. 딸은 중학교 때 맹장수술을 받다가 난소에 혹을 발견하여 난소 하나를 떼어 내어야만 했다. 다른 사람보다 임신 확률이 적다는 이야기를 담당의사선생님으로부터 들었었다. 결혼한 딸이 임신을 하지 못할 것 같은 걱정이 되어 하나님께 아뢰었다.

"딸이 난소 하나 없는 것 주님 아시지요? 생육하고 번성하여 땅에 충만한 복을 주신다고 약속하셨는데 딸은 임신 될 확률이 적다고 합니다. 시집보낸 딸이 자식을 낳지 못하면 친정어머니인 저로서는 몸 둘 바를 모를 것 같아요. 주님 어떻게 해요?"

나의 마음을 주님께 아뢰었더니 주님께서 말씀하셨다.

"걱정하지 마라. 내가 어떻게 하나 두고 봐라."

주님의 음성을 듣고 감사했다.

결혼 4개월째, 임신되었다는 기쁜 소식을 듣게 되었다.

딸의 임신 소식을 듣고 기뻐서 "주님, 고맙습니다. 딸이 임신 2개월째랍니다. 태문을 열어 주셔서 새 생명을 보내주셔서 고맙습니다."

기뻐하며 감사, 감사를 드리는데 내 속에서 말씀하셨다.

"아들이다. 지혜롭고 명철한 아들을 주었다."

임신 2개월째인데 아들이라고 말씀하셨다.

딸이면 어떻고 아들이면 어떠한가? 임신 확률이 적다고 한 딸아이가 임신이 되었다는 것만으로도 만족이었고, 감사했다.

나는 너무 기뻐 거듭거듭 감사만 했다.

"내가 이렇게 기뻐해도 돼요? 주님의 은혜지요. 고맙습니다. 감사합니다.”

나는 딸에게 ‘주님이 아들을 주셨다.’고 말해 주었다.

딸은 매달 산부인과에 가서 진찰을 받는데 임신 6개월째 되던 때 나도 딸과 사위를 따라 함께 가게 되었다.

의사선생님이 “아들이네요!”라고 하셨다.

아들이라는 말을 듣는 순간 놀랍기도 하면서 가슴이 뭉클해지고 주님은 이미 딸아이가 임신했을 때 아들이라고 말씀해 주신 것이 확증되면서 감격스러웠다.

“주님! 주님이 이미 말씀해 주신대로 의사선생님이 아들이라 하네요. 주님 고맙습니다. 나를 돌보아 주시고 가르쳐 주시며 인도해주시는 주님 감사합니다.”

주님에 대한 고맙고 감사한 마음에 솟구치는 눈물을 머금으면서 집으로 돌아와 “아버지! 고마워요 내가 무엇이건대 이처럼 사랑해 주시며 돌보아 주십니까? 전적인 주님의 은혜지요 고맙습니다. 감사합니다. 아버지!”

딸아이도 대전에 살고 있어서 만날 기회가 자주 있는데 딸의 부풀어 오르는 배만 쳐다보아도 기쁘다.

사십이 돼서야 장가를 가겠다고 하던 아들이 내가 잘 알고 지내는 집사님 소개로 선을 보게 되었다.

어머니의 강요에 못 이겨 선을 보러가기 싫어하는 아들을 달래 한

번만 보고 와서 마음에 들지 않으면 만나지 않아도 된다고 했다.

선을 보고 돌아온 아들은 의외로 호감이 간다고 했다.

만나면 만날수록 정이 들고 마음이 끌린다고 하면서 교제를 했다.

주님께서 3년 전에 "부모를 공경하고 남편을 돕는 어진 여인을 보내 주시겠다."고 말씀해 주셨다.

가족 모두도 좋아하고 환영했다.

금년 5월에 결혼예정이었다.

이 세상에서 나는 혼자라며 외롭고 고독해서 슬퍼하며 괴로워했던 나인데 이제는 남편과 아들, 딸, 사위, 며느리, 손주까지 생겼으니 모두들 예쁘고 사랑스럽다.

밤마다 잠들기 전에 침대에 누워 내 안에 계신 주님을 바라보면 왜 그렇게 하염없이 감사의 눈물이 쏟아지는지 주체를 할 수가 없다.

멀리 하늘에만 계시는 하나님으로만 생각하다 내 안에 아주 가깝게 계신 주님의 음성을 듣게 되어 나는 주님께 감사의 대화를 나눈다.

"아빠! 주님만 바라보면 자꾸 눈물이 나와요."

주님은 울고 있는 나를 보고 말씀하신다.

"아가! 아가!"

나를 부르시며, 어쩔 줄을 몰라 하신다.

지금까지 나를 돌보아주신 주님이 고맙고 감사할 뿐이었다.

"내가 무엇이건대 이렇게 사랑해 주십니까? 부모 형제를 미워하고 한을 품고 원망만 하던 나를 돌보아 주셔서 감사합니다. 나 같은 것을 사랑해 주셔서 감사합니다. 주님이 함께 해 주셔서 감사합니다. 나 아무것도 모르는 것 아시지요? 아이같이 어린 것 아시지요?"

내 속에서 울컥 울컥 솟구치는 뜨거운 눈물을 흘리면서 나는 어린 아이가 되어 엉엉 소리 내어 운다.

"아빠! 아빠! 고마워요."

주님은 나의 기도를 들으시고 응답해주신다.

"강선아, 나는 네가 좋다! 너는 내 새끼. 예쁜 내 새끼! 내가 너에게 어떻게 역사하나 두고 봐라. 어떻게 나타나나 두고 봐라. 어떻게 영광을 받나 두고 봐라. 사랑한다! 사랑한다!"

"아버지! 나도 아버지를 사랑해요."

"나는 네가 좋다. 너는 내 자랑만 하잖아. 주님이 네 안에 계시다고, 나만 의지하라하고, 나만 바라보라고, 주님을 외롭고 고독하게 하지 말라고 너는 나만 증거 하잖아. 고맙다 강선아!"

"나도 아버지가 좋습니다. 아버지가 우리 가정을 돌보아 주시고 먹여 주시고 입혀 주시고 사랑해 주셔서 고마워요."

나는 흐느껴 울다가 잠이 들곤 했다.

"지금까지 지내 온 것 주님의 은혜라. 어찌 나에게 이런 은혜를 주시는지요?"

5. 네가 하니 내가 한다

　존경하는 목사님으로부터 전화가 왔다.

　열흘 동안 우즈베키스탄에 사역하러 가게 되었다고 하시면서 특별집회를 부탁하셨다. 평신도인 내가 어떻게 교회 사역을 할 수 있단 말인가? 깜짝 놀라 완강히 거절했는데 내 영성을 잘 알고 계신 목사님께서 "권사님은 교회 사역자인 것 같다."고 하시면서 목사님 계실 때 사역하면 내가 목사님을 어려워해서 사역하지 못할 것 같다고 하시면서 목사님 안 계실 때 "마음껏 사역하라!"고 성도들에게 광고까지 하셨다고 했다.

　평신도인 내가 어떻게 강단에 서서 하나님의 말씀을 전하며 사역을 한단 말인가? 주님께 아뢰었다.

　"나는 평신도입니다. 나는 몸이 아파서 교회에서 성경공부도 많이 못 했습니다. 신학교는 문 앞에도 가 본적이 없습니다. 목사님들이 말씀으로 섬기는 사역을 감히 어떻게 섬길 수 있단 말 입니까? 강단에 설 용기가 없습니다. 말 할 줄도 모르는 것, 주님이 아시지 않습니까? 교회 사역은 절대로 할 수가 없습니다. 아무것도 몰라요. 못합니다. 못해요 나보고 어떻게 하라고! 목사님이 성도들에게 광고를 이미 하셨다는데, 어떻게 해요?"

　몹시 당황스러웠다.

　내 기도를 듣고 계신 주님이 말씀하셨다.

　"강선아! 내가 너를 보내는 거다. 내가 너와 함께하고 있잖아. 내가 역사 할거야. 내가 어떻게 역사하나 두고 봐라!"

206

주님께서 보내는 거라고 하신 말씀을 거역 할 수 없어 5일 동안 특별집회 강사로 가게 되었다. 그래도 목사님께서만 설교하시는 강단에 올라설 용기가 나질 않았다.

그래서 양해를 구하고 구역예배 드리는 것처럼 바닥에 앉아 내가 만난 주님을 소개했다. 나는 어쩔 수가 없었다. 주님께서 나를 보내셨으니 내 입과 손과 눈과 생각과 내 의지 감정 아니 내 세포까지 마음껏 쓰실 수 있도록 성령님을 의지했다. 예배 시간마다 성령님의 나타나심을 체험하며 각 사람에게 넘치는 은혜로 채워 주셨다. 집회를 무사히 마치고 돌아온 나는 3일 동안 몸살을 앓았다.

한 영혼씩 보내셔서 개인 사역으로 3개월을 섬기게 하시더니 이제는 교회로만 보내셨다.

집회 초청하는 전화를 받으면 주님께 먼저 물어본다.

"저를 부르는데 어떻게 해요?"

주님은 늘 말씀해 주신다.

"내가 보내는 거다. 같이 가자! 이번에도 내가 어떻게 역사하나 너는 두고 봐라! 내가 너를 통해 놀랍게 역사할 거야."

경주 근교의 안강에 있는 어느 교회에 담임목사님의 초청을 받아 가게 되었다. 마을 입구에 들어서자 현수막이 크게 걸려 있었다.

'심령 대 부흥회 강사 백 강선권사' 내 이름이 쓰여 있는 것을 보고 깜짝 놀랐다. 예배당 정문에도 큰 현수막이 걸려있다. 예배당 안에도. 나는 너무 놀라와 "주님 저것 좀 보세요! 내 이름이 쓰여 있잖아요! 어떻게 해요? 난 몸 둘 바를 모르겠어요."

당황스러웠다.

주님은 말씀하셨다.

"강선아, 나는 기쁘다!"

첫 날 말씀을 전하는데 전도사님들과 성도들이 마음을 열지 않았다. 내가 평신도라고 무시해서 인가? 아니면 말씀에 은혜가 되지 않아서 인가? 걱정이 되었다.

전도사님 한 분이 식사 대접을 하시겠다고 하여 같이 타고 가는 차 안에서 예배시간에 성도들이 마음을 열지 않는 것을 의아해 하면서 질문을 했다.

전도사님은 말문을 열면서 얼버무리듯이 말했다.

"다 들어서 알고 있는 것인데……. 사실 이번 집회에 참석하는 것이 마음이 내키지 않았어요."

담임목사님의 초청을 받아 섬기러 간 나는 전도사님의 실망스러워 하는 말을 듣고 충격을 받아 화장실에 들어가 엉엉 울면서 주님께 나의 마음을 다 아뢰었다.

"주님! 나 이곳에 왜 보내셨어요?"

"내가 어떻게 역사하는지 두고 봐라 너를 통해서 놀랍게 역사 할 것이다."

주님의 말씀을 들으면서 나는 다시 주님께 물었다.

"주님, 저와 함께 하시겠다고 말씀 하셨으면서 왜 역사 하지 않으세요? 당장 집으로 돌아가고 싶습니다. 전도사님이 하시는 말씀 들으셨지요? 내가 뭘 알아요? 내가 어떻게 해야 되요? 내 자신이 너무 초라해 보이고 기가 죽어 어떻게 섬겨야 할지 모르겠습니다. 주님이 일하시지 않으면 나는 아무 것도 할 수 없습니다.”

둘째 저녁 예배시간이었다.

말씀을 전하고 통성기도 시간이었다.

나는 이 시간 성령님께서 쓰시기를 원하며 주님을 바라보는데 순간 성령께서 강하게 사로잡으시고 나타나셨다.

내 몸은 붕붕 세 번 뜨면서 나의 팔은 대중을 향해 뻗으면서, 손을 확 내젓는 행동을 하며 내 입에서는 처음 하는 방언이 나왔다.

그 순간 내 영안이 열려 성령의 불이 각 사람에게 임하는 것이 보였다.

하나님의 강한 임재 앞에 피조물인 연약한 인간은 어찌할 줄 몰라 했다.

놀랍다. 어찌 이런 일이!

그곳에 참석한 울산에서 오신 한 전도사님이 말했다.

“그 동안 많은 성령체험을 했었지만 이처럼 강한 체험은 처음입니다.”

“몇 만 볼트의 전기가 흐르는 것 같았어요. 말로 어떻게 표현을 못하겠습니다.”

모든 성도들이 눈물과 땀으로 뒤범벅이 되었다.

"온 몸을 전기로 지지는 것 같이 저려오면서 불이 임하는데 감당할 수가 없었다."

불평하던 그 전도사님도 온 몸이 불덩어리가 되어 누워서 통곡하며 회개를 했다.

어찌 이런 일이? 어찌 이런 은혜를!

성령님의 나타나심이 놀라웠다.

예배를 마치고 밤 12시. 예배가 끝났는데도 일어나지를 못했다.

웬일인가?

강한 성령의 임재를 경험한 여러 분들이 일어나질 못했다.

"앞이 보이지 않아요 앞이 안 보입니다."

누워서 허공에 손을 저으며 나를 찾는다. 이럴 때 내가 어떻게 섬겨야 하는지 나도 몰라 당황했다.

주님께 물었더니 안목의 정욕에 대하여 말씀하셨다.

예수님의 이름으로 손을 얹고 기도했더니 즉시 눈이 떠져 일어났다. 정말 나도 신기했다. 놀라웠다.

어찌 나에게 이런 은혜를!

끝마치는 날까지 계속적으로 하나님의 강한 임재가 있었다.

집회를 마치고 집으로 돌아왔는데 며칠이 지난 후에 목사님으로부터 전화가 왔다.

"지금까지도 하나님의 강한 임재로 일어나지 못하는 성도가 있으며 계속 울기만 합니다."

사역을 마치고 집에 돌아오면 주님의 도구로 쓰임 받은 나는 며칠

씩 몸살을 앓는다.

"연약한 나를 쓰시니 감사합니다. 주님이 쓰셨지요! 일 하셨지요!
영광 받으소서!"

교회를 세운지 60년이 되었다는 시골교회에 신년 특별집회 강사로
초청을 받게 되었다. 평신도인데다, 여자를 정초에 강단에 세운다고
장로님들의 반대가 심하였었다고 했다. 담임 목사님의 초청으로 가
게 된 것이었다.

시골교회라 강단이 4-5계단 올라가서 높이 있다.

내가 높은 사람이 된 것 같아 강단에 올라 설 수가 없어, 밑에 있는
작은 강단에 서겠다고 말씀 드렸더니 목사님은 강권 하시면서 굳이
높은 강단에 올라오라고 하셨다. 더 이상 버틸 수가 없어 높은 강단
에 올라앉은 나는 주님께 말씀드렸다.

"주님, 나 좀 보세요. 내가 이렇게 높은 자리에 앉아 있네요. 어떻게
해야 할지 몸 둘 바를 모르겠습니다."

주님은 나에게 말씀하셨다.

"강선아! 너무 예쁘다. 나는 기쁘단다."

첫째 날 저녁 예배시간에 장로님들이 얼굴이 빨개지면서 강사인
나를 쳐다보지도 않고 고개를 숙이고만 계셨다. 몇 분의 장로님들은
아예 예배에 참석하지도 않으셨다고 했다.

둘째 날이었다.

고개만 숙이고 계시던 장로님들이 고개를 들고 말씀을 경청하시기 시작했다.

예배가 끝난 후에 성도님들이 기도를 받으려고 줄을 서셨다.

장로님도 기도를 받겠다며 차례를 기다리고 서 계시는 것이 아닌가?

내 사역을 인정해 주셔서 감사하다.

예배를 끝마치면 성도님들이 강사 식사 대접을 한다고 사랑을 베풀어 주셨다.

목사님과 함께 식사 대접을 받으러 갈 때마다 나는 뒤에 쳐져 걸으면서 내가 무엇이기에 평신도 사역자로 쓰임 받아 목사님과 성도님들에게 이런 사랑을 받는지, 눈물이 앞을 가렸다.

"주님의 은혜지요 고맙습니다."

내 속에서 감사의 눈물이 복받쳐 눈시울이 뜨거워졌다.

사역 시간마다 주님이 역사 하셨다.

집회 마지막 날이었다.

한 장로님께서 내 손을 꼭 잡으시며 말씀하셨다.

"많은 강사 분들을 초청하여 집회를 했지만 내 평생 이렇게 큰 은혜 받은 것은 처음입니다."

장로님이 감사의 말씀을 거듭하셨다.

나를 칭찬해 주시는 것이란 생각이 들었다.

강사가 여자라서. 더구나 평신도라는 것 때문에 심하게 반대했던 장로님들이 이처럼 은혜를 받았다고 하시니 감사할 뿐이었다.

난 주님만 증거하고 싶었다. 섬기는 자가 되려고 했다.

20년 전에 몸이 많이 아픈 나는 새벽기도를 내가 섬기는 교회가 거리가 멀어 우리 동네에 있는 한 개척교회에 가서 하게 되었다.

개척교회 전도사님께서는 폐결핵으로 몸이 많이 편찮으셨는데 말씀은 매우 은혜로워서 친하게 지내는 집사님과 같이 다녔다. 1년 정도 다녔던 것 같다. 그런데 편찮으시던 전도사님께서 갑자기 돌아가셨다.

천사 같은 분이셨는데, 하나님의 종으로 부름 받아 쓰임 받던 젊은 분이 일찍 돌아가신 것이 그 당시에는 이해가 가질 않았고 나에게는 큰 충격이었다.

그 후 20년 가까이 잊고 살았는데 돌아가신 전도사님의 아내 되시는 사모님으로 부터전화가 왔다.

뉴질랜드에서 선교사로 일하고 계시는데 한국에 잠시 다니러 오셨다가 내가 기도원 사역을 하고 있다는 소식을 들었다고 기뻐하시며 찾아 오셨다.

선교사님은 뉴질랜드에서 작은 중보기도 모임을 섬기고 있는데 나를 초청을 하셨다.

나는 이런 부탁을 받으면 먼저 주님께 여쭌다.

"이럴때 내가 어떻게 해야 되나요?"

주님께서 말씀하셨다.

"저들이 목이 곧아 나를 모른다. 너는 가서 회개하고 돌이킬 수 있도록 나를 증거 해라. 이번에도 내가 어떻게 역사하는 지 두고 보라!"고 말씀하셨다.

몸으로 고통을 많이 받고 산 나는 제주도 여행 한 번 가 본 적이 없었다. 비행기를 한 번도 타 본적이 없었다. 초행길이라 외국여행 경험이 있는 권사님과 같이 동행하게 되었다. 선교사님이 외국에서 한국음식을 그리워 할 것 같아 반찬을 이것저것 준비하여 화물용량이 초과되어 걱정이 될 만큼 두 사람이 가득 준비해 갔다.

뉴질랜드 공항에서 남자 직원이 우리를 부르면서 낯선 곳으로 데리고 갔다.

나는 순간에 주님께 기도했다.

"아버지, 아무 잘못도 없는 것 같은데 왜 우리 둘만 어디로 데리고 가요?"

알고 보니 비행기 안에서 나누어준 용지를 자세히 기록하지 않았기 때문이란다. 이 나라는 유난히 더 까다롭단다. 한국어로 쓴 것을 보여준다.

용무를 마치고 출입구 쪽으로 나오는데 다른 사람들은 다 나가고 우리 둘만 제일 늦게 나가게 되었다

직원이 가방에 무엇이 들었느냐고 물어, 한국음식이라고 대답했는데 가방을 열어 보지도 않고 통과 시켰다. 마중 나온 선교사님이 말했다.

"미리 말씀을 못 드렸는데 상표를 붙이지 않은 음식물은 다 빼앗기는데 이제 다 빼앗기고 나오시겠구나 생각했습니다."

214

우리가 늦게 나오게 한 것도 주님께서 직원의 마음을 주장하시어 가방을 열어보지 않도록 역사하신 것이었다. 다행으로 여겨졌다.

선교사님은 지난주에 한국에서 부흥 강사님이 다녀가셨는데 20여 명 정도 밖에 모이지 않아 강사 목사님께서 크게 실망했다고 했다. 나는 선교사님의 말씀을 전해 듣고 걱정이 되었다. 12시간 비행기를 타고 머나먼 이곳까지 와서 20명 정도도 안 되는 성도님을 섬기라고 주님이 보내셨단 말인가?

나는 평신도이며 여자 사역자인데 몇 명이나 모일 수 있을지 걱정이 되었다.

저녁예배만 5일간 사역해 달라고 부탁하셨다.

첫째 날 무슨 말을 전해야 할 지 주님께 물었다.

주님께서 나의 입을 쓰셨다.

"예수 그리스도께서 너희 안에 계신 것을 알지 못하느냐 너희 몸은 너희가 하나님으로부터 받은바 너희 가운데 계신 성령의 전인 줄 알지 못하느냐 너희 몸은 너희 것이 아니니라. 피 값 주고 산 주님의 몸이니라."

"여러분은 예수님을 마음속에 영접해 놓고 왜 믿지 않고 의지하지 않습니까? 여러분의 몸은 여러분의 몸이 아니고 피 값을 주고 주님이 사신 주님의 몸인 것을 모르고 여러분의 몸으로 알고 함부로 사십니까? 주님을 진정 사랑하십니까? 그 사랑을 알아요?"

간단히 말씀을 전하고 나의 간증을 하게 하셨다.

첫째 날 집회에 50여명의 성도님들이 오셨는데 그 중에 목사님이 7분 참석하셨다고 했다.

예배를 마친 후 한 목사님께서 자기교회에 와서 사역을 해 달라고 부탁 하셨다. 계획에 없던 일정이었다. 또 다른 목사님께서는 성도가 350명 정도 되는데 주일예배 강단을 다 맡기겠다고 하시며 1부 2부 3부 예배를 섬겨 달라고 부탁하셨다.

평신도인 내가 뉴질랜드 땅에 와서 주일예배 강단에 세우시는 하나님 아버지의 은혜가 놀라와 눈물만 솟구쳤다.

내가 뭔데? 나 같은 것을 주일예배 강단에 세우신단 말인가?

"주님, 어찌 내게 이런 은혜를, 어찌 이런 사랑을 주시나요? 고맙습니다, 감사합니다."

감격이 되고 감동이 되어 눈물만 났다.

주일 예배를 마치니 담임 목사님께서 광고까지 하셨다.

"권사님 집회에 모두 참석하여 은혜를 받으세요. 나도 5일 동안 모두 참석하여 은혜 받겠습니다."

정말 감사했다.

성령님께서 예배시간마다 기름부음이 있고 성령님을 나타내 주시면서 역사해 주시니 도구로 쓰임 받고 있는 나는 고맙고 감사할 뿐이었다.

경치 좋은 곳에 위치한 어느 기도원에 초청을 받아 서게 되었다.

그곳은 목회자들이 영성 회복을 위하여 많이 찾는 곳이란다.

주님을 소개하고 내려왔는데 현관 앞에서 한 노 목사님이 악수를
청하셨다.

수줍게 손을 내미니 만면에 미소를 지으시면서 말씀하셨다.

"많은 사역자들이 다녀가는데 모처럼 예수님만 자랑하시는 분을
만나 매우 신선했습니다."

몸 둘 바를 몰라 고개를 숙여 답례를 올렸다.

세계에서 자연이 아름답고 공기 맑고 깨끗한 나라에 이민 오신 분
들이라 근심 염려 없이 잘사시려니 생각했었는데 그곳에 가서 사역
으로 섬겨보니 상처받은 영혼들이 많았고 누구에게도 말 할 수 없는
아픔들을 주님께서 만져 주시고 위로해 주셨다.

20일 동안 있으면서 세 교회와 어느 한 기도원을 섬기게 하셨다.

성도님들의 사랑도 넘치게 받게 하셨다.

말씀과 기도로 섬길 때마다 성도들은 사모하며 은혜를 받게 하심
을 보게 하셨다.

"주님이 하셨지요. 감사합니다. 나 같은 것을 쓰시니 감사합니다.
영광 받으세요!"

1년이 지나 다시 선교사님의 초청으로 뉴질랜드에 초대받아 섬기
러 가게 되었다.

이번 집회에도 주님은 말씀하셨다.

"너는 가서 나를 증거 해라! 저들이 나를 도무지 믿지 않는

다. 교회 마당만 밟을 뿐, 나를 믿지 않는다.”

모두 예수 믿는다는 분들에게 가는 것인데, 예수 믿으라고 하라니?

또한 가기 전에 말씀 준비를 좀 하려해도 도무지 조금도 할 수 없게 하셨다.

할 수없이 아무 준비 없이 비행기에 올랐다.

“온전히 주님이 하세요. 저는 인도 하시는 대로 쓰임 받기만을 원합니다.”

집회 시간마다 말씀 중에 귀신이 떠나가고 기도시간에 성령님의 강한 임재 앞에 꼬꾸라져 회개하며 은혜를 받는다.

저녁 집회 시간에 유학생이 참석하여 은혜를 받고 돌아갔는데 새벽 2시에 전화가 왔다. 갑자기 고열이 나면서 가슴에 심한 통증으로 고통을 받고 있다며 빨리 와 달라는 것이었다. 자다 말고 선교사님과 차로 20-30분 거리에 있는 유학생 자매 집에 들어서니 여고생은 침대에서 온몸이 고열로 불덩어리가 되어 눈도 못 뜬 채 누워있었다.

나는 예수님의 이름으로 가슴에 손을 얹고 주님께 기도했다.

“이 딸이 열이 많이 납니다. 가슴에 심한 통증으로 인해 괴롭다고 합니다. 어떻게 해요? 왜 그런 건가요?”

손을 얹자 즉시 성령님께서 귀신을 쫓아내 주셨다.

성령님께서 질병을 꾸짖고 몰아내 주셔서 회복 될 것이라는 것을 알면서도 차로 20분 이상 먼 길을 왔는데 바로 숙소로 돌아 갈 수가 없었다.

환자의 상태를 보고 돌아가려고 10분 후에 다시 손을 가슴에 살짝 댔다.

"괜찮다!"고 성령님께서 말씀하셨다.

이튿날 체온은 정상이 되었고 통증도 서서히 가라앉으면서 다시 이틀이 지나자 정상의 몸으로 회복시켜 주셨다.

유학생의 부모는 불교를 믿는 가정인데 방학 때 한국에 돌아가 큰 병원에 가서 치료 받을 계획이었다고 했다. 평상시에도 가끔 이런 증상이 나타났었다고 했다.

성령님께서 말씀하셨다.

"내가 너에게 하나님이 살아계시다는 것을 체험시키기 위해 역사하였다."

여학생도 정상으로 회복된 자기 몸을 보고 놀라워하며 예수님 잘 믿겠다고 약속을 했다.

이번 뉴질랜드 집회도 계획에 없었던 여러 교회(4)를 섬기게 하셨다.

성도님들의 사랑도 많이 받았고 연약한 나를 귀히 쓰신 하나님 아버지께 감사를 드릴 뿐이다.

6. 기도원 사역으로 섬기다

하나님의 은혜로 정착하여 사역 할 수 있도록 작은 기도원을 허락해 주셨다.

　기도원 사역은 교회 사역과 달라 영분별이 있어야 하는데 나 같이 연약한 자가 잘 섬길 수 있을지 걱정이 되어 주님께 기도했다.

　"내가 무슨 능력이 있어요? 아이 같이 어려서 아무 것도 모르는 저에게 어떻게 기도원 사역을 하라 하세요? 어떻게 해요? 어떻게?"

　내 기도를 들으신 주님이 말씀하셨다.

　"네가 하니? 내가 한다! 내가 어떻게 역사하고, 어떻게 나타나고, 어떻게 영광을 받는지 너는 두고 봐라! 걱정하지 마! 준비된 영혼들을 보내 줄게!"

　주님의 음성을 듣고 보내 주시는 영혼들을 잘 섬겨 드려야겠다는 일념으로 최선을 다했다.

　나를 찾아오시는 분들은 남편에게 상처받아 죽고싶다는 분, 우울증으로 자살충동으로 시달리며 괴로워서 어쩔 줄 몰라 하는 분, 불면증으로 잠을 못 자 힘들어 하는 분, 영분별을 못 해 다른 영의 음성을 듣고 있으면서도 성령님의 음성으로 착각하고 계신 분, 미혹의 영에 사로잡혀 자유하지 못하고 얽매여 계신 분, 육체와의 전쟁으로 고통스러워하는 분, 물질의 궁핍으로 어려운 생활고를 겪고 계신 분, 사업 실패로 좌절하고 계신 분, 이혼으로 서로 마음과 원망으로 가득한 분, 목회에 실패하여 낙담하고 계신 분들이다. 예수님을 믿는다고 하면서도 기쁨은 커녕 슬픔과 분노와 원망과 낙담으로 가득한 실패한 그리스도인들이었다. 주님께서는 이러한 분들을 준비된 영혼들이라고 내게 말씀하셨다. 이스라엘 백성들을 40

년 동안 광야생활을 시키신 이유가 그들을 낮추셔서 하나님 되심을 알게 하려고 하신 것이었다. 환란과 역경 속에서 낮아지게 하시여 하나님 아버지를 바로 알고 믿도록 하기 위한 예비 된 복이었다.

"망령되고 허탄한 신화를 버리고 경건에 이르도록 네 자신을 연단하라."고 하셨다. 준비된 영혼들을 경건에 이르는 훈련을 통하여 예수 그리스도의 인격으로 변화된 삶을 살아 주의 복을 받을 수 있도록 섬겨 드리고 있다.

부부가 전도사로 사역하고 계신 분인데 어느 날 남편 전도사님께서 우리 집을 방문하셨다. 전도사님은 뒤 늦게 신학을 시작한 52세의 늦깎이 신학생이시라 했다. 이런 전도사님이 내 앞에서 어린 아이처럼 엉엉 우셨다. 교회에서 청년부를 담당하고 계신데 성도들 앞에서 하나도 기쁘지 않는데 기쁜 척, 사랑하지도 않는데 사랑하는 척하며 위선자 노릇하는 자신의 모습이 가증스럽고 부끄럽다며 우셨다. 자신을 솔직하게 드러내 놓고 괴로워하며, 슬퍼하는 전도사님이 나는 예쁘고 아름답게만 보인다. 주님께서도 늦깎이 전도사님의 바른 양심을 보시며 기뻐하실 것 같다.

나는 전도사님께 말했다.

"성령님께서 전도사님을 만져주시어 주님의 사랑으로 영혼들을 섬기실 수 있도록 변화시켜 주실 것입니다 저도 부족하지만 잘 섬겨 드리겠습니다. 주님께서 전도사님을 어떻게 만져주실지 저도 기대가 됩니다."

그런데 예배시간에 열심히 참석은 하는데 몇 달이 지나도 성령님의 임재가 전혀 없으셨다.

나는 전도사님의 임재 없음이 안타까워 주님께 기도했다.

"하나님 아버지 전도사님의 마음이 콘크리트 벽과 같이 단단합니다. 아니 철판 같습니다. 굳은 마음을 부드러운 마음으로 회복시켜 주시옵소서. 말씀을 듣고 깨달을 수 있도록 귀 좀 열어 주세요. 마음 좀 깨쳐 주세요!"

울면서 간절히 기도를 했다.

다음 예배시간에 성령님의 강한 임재로 굴복된 전도사님은 벌러덩 누워 소리 내어 울면서 회개를 했다. 첫 체험 후 계속적으로 만져주셔서 예수님의 인격으로 변화되어가는 자신을 보며 놀라워하셨다.

자신이, 가족이, 가까운 친구 친척들이 알아보고 주위에서 변화되었음을 이야기했다고 한다.

지금은 오직 성령 안에서 평안과 기쁨으로 하루하루 기쁘게 사역하며 봉사하고 계신다.

그 전도사님의 아내 전도사님 또한 교통사고로 목 디스크 5,6번 사이가 탈출되어 오른팔 엄지손가락이 저리고 어깨 밑에 통증이 심하여 두 달 동안 입원을 했었다고 한다. 목을 좌우로 돌리는데도 매우 불편하다고 하셨다. M.R.I 사진을 두 번 찍어본 병원에서 수술을 해야 한다고 말했었다는 것이었다.

예배에 참석하게 된 전도사님은 어느 날 말씀을 듣고 기도를 하다가 성령님의 음성을 듣게 되었다.

"새 술은 새 부대에 넣어야 한다. 이전 것은 지나갔으니, 보라! 새 것이 되었도다. 너는 새로운 피조물이 되었다."

이후로 어깨의 통증과 손 저림과 목의 불편함이 모두 사라지고 정상적인 몸으로 회복되었다. 전도사님 부부는 기뻐하며 감사하셨다.

남편 전도사님은 지금 예배시간에 찬양을 인도하신다.

변화되어가는 자신을 간증하며 찬양으로 주님께 영광을 돌리셨다.

사역을 받고 계신 어느 권사님의 아버님이신 장로님께서 며칠 전에 주님 품에 안기셨다. 기도원에 두 번 오셔서 예배에 참석하셨던 분으로 돌아가시기 전에 회개하고, 온 식구들과 마지막 인사를 나눈 뒤 5시간 만에 부인이신 권사님과 기도하는 가운데 조용히 운명 하셨다. 운명하신지 1시간이 지났어도 돌아가신 것을 청진기로 확인해야 할 정도로 너무도 깨끗하고 따뜻하셨단다. 은혜 가운데 아버님의 장례를 잘 마치고 아버지께서 주님 품에 안기신 것을 감사하며 잘 보내셨단다.

그런데 장례를 마치고 일주일 되는 날 체기가 있으면서 자꾸 어지러워 약을 먹고 집에서 쉬는데 갑자기 안에서부터 슬픔이 올라와 주체할 수 없게 눈물이 났었다고 했다. 아버지 생각이 밀려와 사진을 쳐다보며 넋을 놓고 울었다고 했다. 약을 먹고 먹어도 어지러움이 도무지 가라앉지를 않고 더 심해져 머리를 조금도 옆으로 돌릴 수도,

일어날 수도 없었다고 했다. 몇 시간이 지나 주님을 바라보는데 정신이 들면서 이런 생각이 들었다고 말했다.

"이게 아니다 아버지는 천국 가셨고 이제는 하나님께 속하셨는데 내가 왜 이러는 거야?"

권사님이 아픈 머리를 두 손으로 바치다 시피 하며 나를 찾아 오셨다.

나는 내 안에 계신 주님께 물었다.

"이 딸이 많이 아파요. 왜 그런 거예요?"

주님께서 화를 내시면서 말씀하셨다.

"죽음의 영이 너를 끌고 가려는 것을 아느냐? 모르느냐? 너는 나를 바라보라고 했는데 너는 뭘 하고 있는 것이냐?"

그리고 귀신을 쫓아 내 주셨다.

권사님은 정신을 번쩍 차리며 말했다.

"주님을 놓치고 아버지 생각에 사로 잡혀 슬퍼했었네요."

회개를 하자 주님의 나타나심이 있으면서 이틀 동안 계속 토하셨다.

다음날부터 맑고 밝은 모습으로 오셨다.

참으로 영의 세계는 민감하다. 마귀는 우리를 어찌하든지 조금만 방심하여 틈만 보이면 우는 사자와 같이 삼키려 달려들었다.

그래서 주님께서 말씀하셨다.

"깨어라! 정신 차리라! 쉬지 말고 기도하라! 사탄은 너희를 우는 사자와 같이 삼키려고 찾고 있다."

224

할 수 있는 대로 분, 초마다 주님을 바라보아야 했다.

미혹 받지 않도록 늘 긴장하여 정신 차리고 깨어 있어야 할 것이다.

사역을 받으시는 또 한 분의 권사님께서 기도를 받고 싶다고 하셨다.

나는 예수님의 이름으로 권사님의 가슴에 손을 살짝 얹고 방언으로 기도를 하는데 성령님께서 "나는 가고 싶지 않은데 너는 왜 나를 데리고 갔느냐?"고 화를 내셨다.

권사님은 평소에 성령님을 의지하고 살려고 사모하는 분인데 내 입에서 왜 이런 말이 나오는지 영문을 몰랐다. 권사님은 기도가 끝나자 나에게 말씀하셨다. 시동생의 세탁소 개업을 도우려 방문했는데 고사를 지내더란다. 권사님은 고사떡을 나누어 주는 일과 뒤처리를 도와주고 왔는데 성령님께서 이토록 싫어하실 줄은 미처 생각지 못했다고 고백하면서 회개를 하셨다. 성령님은 우리의 말과 행동까지 다 보고 계시는 분이시다.

어느 날 권사님이 기도를 받으시는데 "남편 좀 사랑해 주라!"고 성령님께서 달래셨다. 집으로 돌아간 그 날 저녁 남편이 해외여행 중이셨는데 밤늦게 전화로 권사님에게 "나 없이도 잘 살 수 있어?"라고 물으시더란다. 전화를 받으며 "남편 좀 사랑 해주라" 는 성령님의 말씀이 생각나서 "나 혼자는 절대 못 살지! 난 당신이 꼭 필요해!"

라고 고백하자 남편은 "환장하겠네!"라고 말하더란다.

해외여행에서 돌아온 남편에게 권사님은 진지하게 말했다고 한다.
"여보, 한 가지 소원이 있어요."
그리고 내 사역을 받아 달라고 간청하셨단다.
아내의 갑작스런 요구에 아무 말도 하지 않고 밖으로 나가더니
다시 돌아와 '당신 소원대로 할게.'라고 말씀하시더란다. 그리고 자녀
들에게도 '너희들도 같이 가서 은혜 받자'고 권면하시더란다. 권사
님은 어린아이처럼 좋아 하셨다. 부족한 나를 사역자로 인정해 주
면서 아이들까지도 경건의 훈련을 받으라고 소개하시니 주님의 은혜
가 아닌가? 내가 만난 주님을 최선을 다해 섬겨야겠다고 다짐하며
다짐했다.

어느 목회자 사모님의 소개로 척추를 다쳐 일어서지 못하고, 말도
제대로 하지 못하시는 한 사모님 집을 방문하게 되었다. 젊으신 이
사모님은 병으로 오랜 세월을 집에서 보내게 되자, 자신의 서러움과
절망으로, 성도들 앞에 본이 되지 못함에 가슴 아파하면서 하루하루
를 눈물로 지세우시는 분이셨다. 나는 그 사모님을 만나자 너무 불쌍
하여 눈물이 났다. 사모님은 가만히 앉아만 있어도 다리가 너무 쑤셔
서 견딜 수가 없다고 호소하셨다. 일어서지는 못해도 통증만이라
도 없었으면 좋겠다고 하셨다. 사모님에게 주님이 안에 계신 것을
말씀드린 후 손을 얹고 방언으로 울면서 기도를 하는데 성령님께서

귀신을 쫓아내 주셨다. 사모님은 울면서 토하셨다.

이튿날 사모님은 견딜 수 없이 아팠던 통증이 사라졌다고 간증을 하셨다. 무슨 말인지 잘 알아들을 수 없었던 발음이 알아들을 수 있도록 좋아 지셨다. 손이 굳어 글을 쓸 수 없었던 손으로 이름을 쓰실 정도로 회복되셨다.

그런데 일어서지를 못하셨다.

나는 안타까운 마음으로 주님께 기도했다.

"하나님 아버지 이왕이면 아주 깨끗하게 고쳐주세요! 왜 일부만 고치셔서 일어서지를 못 하시는 것이에요?"

내 마음 같아선 당장이라도 완전하게 고쳐 드리고 싶은 심정인데, 주님의 응답은 달랐다.

"믿음의 연단이다!

하나님 아버지는 육체의 고통을 통하여서 영혼을 정결하게 하시려는 깊은 은혜와 사랑이 있음을 본다.

몸으로 고통 받는 분들을 섬기다 보면 어느 분은 귀신을 완전히 몰아내 주시어 즉시 완치되는 분이 있고, 어느 분은 하나님을 의지하여 영혼을 정결케 하시고 하나님 됨을 알게 하시려고 점진적으로 좋아지게 하시는 하나님의 의도가 계시다. 하나님께서 영광 받으시기 위해 주신 병도 있고, 과로로 온 병도 있으며, 죄로 인해 온 병도 있다. 참으로 다양하다. 원인을 몰라서 기도하면 아버지의 뜻을 알게 해 주셔서 참 감사하다.

어떤 문제이든 기도하면 그 원인을 알려 주시니 너무 감사하다.

예배는 성령님의 임재가 있어야 한다고 생각한다.

어떤 분은 회개의 눈물을 흘리면서 몸부림을 치고, 어떤 분은 귀신이 떠나면서 괴성을 지르며, 어떤 분은 몸에 경련을 일으키며, 어떤 분은 쓰러지고, 넘어지고, 토하며, 울고, 어떤 분은 영 찬양으로 하나님께 영광을 돌리며, 어떤 분은 주님과 깊은 사랑의 교제에 빠져 행복해 하고, 어떤 분은 희락의 기름부음으로 충만함을 체험한다. 아주 다양한 모습으로 각자의 영 상태에 따라 주님께서 만져 주셨다. 무질서해 보이나 질서가 있음을 본다. 각 사람에게 임하시는 주님의 나타나심과 만지심에 놀랍고 감사할 뿐이었다. 성령님의 임재에 모든 분들이 주님의 인격으로 변화 되어가는 것을 본다. 영이 회복되어 주님으로 만족하며 기뻐할 수 있게 변화 시켜 주셨다.

하나님 아버지께서는 자기 백성들에게 "옛적 일을 기억하라!"고 하셨다. 하나님께서는 이스라엘 백성들을 노예 생활에서 출애굽 시키시고, 광야생활 중에 불기둥으로, 구름기둥으로, 만나와 메추라기로, 바위의 물로, 밤낮으로 돌보시고 인도하셨다. 그리고 이스라엘 백성에게 하나님은 너희들을 인도하신 하나님을 잊어버리지 말라고 말씀하셨다. 나에게도 주님은 밤마다 주님 만나기 이전 지옥같이 어둡고 힘들었던 옛적 일을 생각나게 하셨다. 나를 인도하신 주님께 감사의 제사를 드리게 하셨고, 내 속에서 솟구치는 감사의 뜨거운 눈물로 시간 가는 줄 모르게 내 안에 계신 주님과 사랑의 교제에 빠지게 하셨다.

내가 집회를 할때 마다 주님께서는 나에게 말씀하셨다.

"강선아! 나를 증거해 주어서 고맙다! 내 자랑해 주어서 고맙다! 사랑한다! 강선아, 나는 네가 좋다! 예쁜 내 새끼! 예뻐서 어떻게 할까!"

주님은 내 손이 주님의 손이 되어 온 몸을 만져주셨다. 아버지의 사랑을 내 마음에 쏟아 부어주셨다. 정말 놀랍고, 신기하고, 감사하다.

이 사랑을 어찌 잊을 수가 있겠는가?

받은 자만이 안다.

어찌 글로 그 사랑을 다 표현 할 수 있겠는가?

나를 사랑해 주셔서 내 안에서 말씀해 주시고 가르쳐 주시며 돌보아 주시는 주님이 너무 좋다. 그래서 나는 행복하다. 나 같이 연약한 자를 세우셔서 하나님 아버지의 종으로 순종케 하시며 영광 받으시고 기뻐하시는 주님께 헌신의 기도를 드린다.

"오늘도 마음껏 나를 쓰시옵소서!"

"하나님 아버지께만 영광이 되게 하시니 감사합니다."

"모든 영광을 하나님께 돌립니다."

7. 나는 평신도 사역자입니다

사역자로 쓰임 받아 3년 동안 교회사역으로 섬기게 하시다가 한 곳에 정착하여 영혼을 살릴 수 있도록 기독교 백화점을 운영해 보겠다고 작은 건물을 구입하여 대전에 내려오게 하신 그 자리에 작은 기도원을 세워주셨다.

기도원이라는 명칭보다 영성원이 더 어울릴 것 같다. 나는 평신도 사역자다. 어느 목사님께서 말씀하셨다. 사람 중에 꼭 있어야만 될 사람이 있고, 있어도 그만 없어도 그만인 사람이 있고, 있어서는 안 될 사람이 있다는 말씀을 들었다.

나는 어떤 사람인가?

내 자신을 바라 볼 때 나는 있어도 그만 없어도 그만인 사람처럼 느껴졌던 나다.

내 몸 하나 감당하지 못해 자신을 학대하며 살았던 나였다.

육을 입고 죄 성을 가진 내 마음은 어떠한가?

"사람의 마음에서 나오는 것은 악한 생각 곧 음란과 도적질과 살인과 간음과 탐욕과 악독과 속임과 음탕과 질투와 비방과 교만과 우매함이니 이 모든 것이 다 속에서 나와서 사람을 더럽게 하느니라."(막 7:20-23)

거룩하신 성령님도 더러운 마음으로 꽉 차있는 내 안에서 계시려니 불편해 하셨다. 거룩하신 성령님은 내 안에서 편히 계시고 싶어

하셨다. 썩어 냄새나는 내 속에서 불편해 하시는 것이었다. 주님을 바라보면 어두움이 드러났다.

"새 영을 너희 속에 두고 새 마음을 너희에게 주되 너희 육신에서 굳은 마음을 제거하고 부드러운 마음을 줄 것이며"(겔 36:26)

성령님께서 돌 같이 굳은 마음을 부드러운 마음으로 바꾸어 주길 원하셨다.

원하지만 인격이신 주님은 강압적으로 역사하지는 않으셨다. 내 영이 빛 되신 주님을 바라보면 굳은 내 마음이 보인다.

성령으로 거듭난 하나님의 자녀라고 하면 하루하루 생활하면서 일어나는 모든 일이 우연한 것은 없다. 일어나는 모든 사건을 통해 자신의 내면을 들여다보게 하셨다. 순간순간 마다 소망의 주님을 바라보면서 십자가 밑에 인생의 무거운 짐을 내려 놓아야 했다. 이렇게 내려놓을 때 성령님께서 굳은 마음을 주님의 성품으로 다듬어 가셨다.

율법으로 살 때는 연말만 되면 후회가 되었었다. 잘 믿어 보려고 연초에 작심을 했는데, 살다보면 나도 모르게 미혹을 받아 아버지께 영광을 드러내는 삶을 살지 못한 것을 회개하곤 했다. 새해가 되면 다시 작심하고 연말이 되면 후회하며 회개하는 생활을 수십 년 하였었다.

그런데 성령님의 인도를 받으면 후회하는 삶이 아니고 감사하는

삶만 살게 하셨다. 작년보다 금년에 더 성장시켜 주셨고, 아버지께
더 영광을 돌리는 삶을 살아가게 하신 것을 감사한다.

　하나님이 나의 영혼의 병, 육신의 병을 치유해 주신 것처럼 나에
게 붙이시는 분들의 영혼의 병, 육신의 병을 치유하는 사역자로 세우
셔서 죽은 자를 살리는 사명으로 쓰고 계셨다. 작년보다 금년이, 금
년보다 내년을 더 주님께 가까이 갈 수 있도록 성장시켜 주셨다. 하
루하루 주님의 돌보심이 기대가 되었다.
　이것이 은혜가 아닌가?
　성령님을 의지하여 성령님의 인도를 받아야 삶이 풍성해졌다.

　기도원에서 성도들과 함께 기도하는 시간이었다.
　내 속에서 영 찬양이 흘러나왔다.

　　　　오 나의 자비로운 주여
　　　　나의 몸과 영혼을
　　　　주님 은혜로 채워주소서.
　　　　이 세상 괴롬 걱정 근심
　　　　주여 받아주시고
　　　　힘든 세상에서 인도하소서.
　　　　예수 오 예수 지금 오셔서
　　　　예수 오 예수 채워주소서.

주님이 내 안에서 말씀을 하셨다.

"강선아, 나는 네가 너무 좋다! 너는 내 새끼다. 내 자식 내가 너를 낳았다."

주님께서 내 손이 주님의 손이 되어 내 입에 손을 대시며 말씀하셨다.

"네 입이 내 입이다. 네 눈이 내 눈이야. 네 귀는 내 것이었다. 네 마음도 내 것이다."

머리에서 발끝까지 온 몸을 만지시면서 말씀하셨다.

"너는 내 것이다. 너는 내 것이다. 예쁜 내 새끼! 내가 너를 통해서 영광 받고 있다. 두고 봐라 내가 너를 통해서 어떻게 역사하고 어떻게 나타나는지 두고 봐라. 그러나 너는 나를 떠나서는 아무것도 할 수 없느니라. 너는 나만 바라보고 나만 의지해야 돼! 내가 너를 사랑하고 있는 것 알고 있지? 내가 너를 귀하게 여기는 것 알고 있지? 내가 너를 아끼고 있는 것 알고 있지?"

나는 주님의 음성을 듣고 물었다.

"주님께서 나를 아끼시는 것 알고 있지만 얼마나 아끼시는 데요?"

"나는 너를 내 목숨보다 더 아낀다."

"주님, 나를 귀하게 여기시는 것 알고 있지만 얼마나 귀하게 여기시는 데요?"

"이 세상 어떤 것보다도 너를 더 귀하게 여긴다. 내가 너에게 영광을 받고 있다. 너 영광이 무엇인지 아니? 내가 영광을 받는 것은 네가 나를 높이는 것이다. 네가 나를 경배하는 것이다.”

내 입에선 ‘주 예수보다 더 귀한 것은 없네. 이 세상 부귀와 바꿀 수 없네’라는 찬송이 속에서 흘러넘쳤다.

“나는 너의 상담자이다.”

“나는 너의 보호자이다.”

“나는 너의 구원자이다.”

“나는 너의 치료자이다.”

“나는 너의 능력자이다.”

이어서 아들에 대하여 말씀하셨다.

아들은 영국에서 바이블 칼리지를 2년 졸업하고 쉐필드 대학을 나와 지금은 강남에서 영어강사로 있다.

아들은 장래에 학원 원장이 되어 운영하고 싶다고 했다. 그런데 아들은 사회생활을 해 보니 학원을 운영하면 물질로는 성공을 해 풍요롭게 살 수는 있겠지만 죽을 때 가서는 자기 인생을 후회할 것 같은 마음이 든다고 했다. 그래서 신학대학원을 들어가서 목사가 되어 하나님의 종으로 쓰임 받고 싶다고 심정을 고백했다.

나는 깜짝 놀랐다.

컴퓨터에 마음을 빼앗기고 세상 친구들과 어울리기 좋아하는 아들이 하나님의 종이 되고 싶다고 하다니 놀라웠다.

아무나 하나님의 종이 되는 것이 아닌데, 하나님의 종은 주님께만 순종해야 되는 것인데, 아직 주님을 만나지도 못했고, 육으로 살아가는 아들이 어떻게 하나님의 종으로 쓰임 받을 수 있겠는가? 나는 아들에게 목사가 되는 것만이 주님의 일이 아니라는 것을 말 해 주었다. 그런데 안 통했다. 아들이 목사가 되겠다는 말을 듣고 하나님 아버지께 아뢰었다.

"내 아들은 안 됩니다! 쓰실만한 그릇이 못됩니다. 하나님 아버지의 영광을 가릴 것 같아서입니다. 주님을 사모하지도 않고 사랑하지도 않습니다. 세상에 마음이 빼앗겨 있습니다. 컴퓨터에 마음을 다 빼앗겨있습니다. 친구들 만나는데 마음이 다 빼앗겨 있습니다. 영적 체험도 없습니다. 주님을 보지도 못하고 듣지도 못하는데 어떻게 다른 영혼들을 섬긴단 말입니까?"

하나님의 종이 될 만한 그릇이 안 된다고 거부하는 나에게 주님은 말씀하셨다.

"네 아들은 내 종이다. 내가 목사로 세울 거다. 내가 어떻게 역사하고 나타나고 영광 받는가를 두고 봐라! 네 마음대로 안 된다고 하지 말아라!"

"너희 안에서 행하시는 이는 하나님이시니 자기의 기쁘신 뜻을 위하여 너희에게 소원을 두고 행하게 하시나니"(빌 2:13)

하나님 아버지께서 아들 마음에 목사가 되어야겠다는 소원을 두게 하셨고 행하시겠다고 하시니 유구무언이었다.

이제 아들은 잘 다니고 있는 직장을 그만 포기하고 미국이든 한국이든 주님께서 인도하시는 대로 신학대학원에 입학하려고 준비 중이다. 어머니인 내가 아들을 볼 때 철부지 어린아이처럼만 보인다. 나는 주님께 하나님의 종이 되겠다고 고백하는 아들이 걱정되어 아뢰었다.

"내가 주님께 부름 받아 쓰임 받은 지 4년 6개월이 됐습니다. 주님께 붙들려 영혼들만 섬기고 있는 것을 주님은 아시지요? 이 아들은 세계 어느 곳에서 있든지 주님이 먹여 주시고 입혀 주시고 돌보아 주셔서 아버지께 영광만 되게 해 주세요!"

나의 기도를 들으시는 주님이 말씀하신다.

"걱정하지 말라니까. 내가 어떻게 하나 두고 봐라!"

"아버지가 아들 책임져 주세요! 예수그리스도가 아들 마음에 계시게 하옵시고, 아들 속사람이 하나님의 능력으로 강건하게 하옵시며, 지혜와 계시의 정신을 주사 생명을 살리는 하나님의 종이 되게 하옵소서!"

오늘도 아들을 위하여 기도했다.

제5부
성령님이 가르치시네요

주님과의 교제

딸의 직장 관사에서 딸과 함께 살고 있을 때다.

사도 바울이 아라비아에서 3년 동안 주님과 교제하였다는 말씀이 생각났다.

딸이 출근하고 나면 아무도 찾아오지 않는 집에서 주님과 독대하는 훈련을 시키기 위해서 주님은 이미 예정해 놓으시고 이곳으로 이사 오게 하신 것 같다.

3년 4개월 동안 이곳에서 주님과 독대하게 하셨다.

"오늘도 주님하고 나하고 둘 밖에 없어요, 주님은 내 아버지시고, 신랑이시고 친구가 되신다고 하셨지요? 주님, 저와 함께 지내요, 무슨 말씀이 하시고 싶으세요?"

내가 주님께 말하면 나보다 내 안에서 주님이 말씀을 더 많이 하셨다.

오랜 세월을 교제하다 보니 주님이 말씀하신 것을 일기형식으로 간단하게 기록해야겠다는 생각이 들었다. 많은 분량은 아니지만 내 안에 계신 주님과의 교제를 기록해두었다.

네가 위선자야

오늘도 나는 주님만 바라보았고 주님이 말씀하셨다.

"칠뜨기가 무엇인지 아니?"

"잘 모르겠는데요."

"모자란 사람을 칠뜨기라고 하지 않니?"

"그런데 네가 칠뜨기야."

"왜 내가 칠뜨기에요?"

"너도 삐쩍 말라 있으면서 누굴 먹이겠다고 이리저리 다니는 거니?"

주님은 내 속사람(영)이 강건해 지기를 원하고 계셨다.

내 속사람이 강건해야 다른 영혼도 살릴 수 있다고 하셨다.

믿음으로 살지 못하면서 다른 영혼을 섬기려고 하니 봉사가 무거운 짐일 수밖에 없다는 것을 깨닫게 되었다.

주님이 말씀하셨다.

"네가 위선자야."라고 말씀하셨다.

"사랑도 없으면서 사랑이 있는 척, 온유하지도 않으면서 온유한 척, 겸손하지도 못하면서 겸손한 척, 경건의 모양만 있으면서 경건의 능력이 있는 척, 네 중심으로 살면서 예수님 중심으로 사는 척, 믿음도 연약하면서 믿음이 있는 척, 기쁨도 없으면서 기쁨이 있는 척 하고 살고 있다"고 하셨다.

"주님, 맞습니다. 저는 위선자였습니다. 제가 인정합니다. 몰라서 그랬어요."

"주님, 미안해요. 주님, 그리고 고마워요."

내가 너를 인도할 거야

오늘은 딸과 같이 쇼핑하는 날이다.

딸 차 안에서 내안에 계신 주님 바라보며 기도했다.

주님이 말씀하셨다.

"세상에 가서 빛이 되고 소금이 되어야 한다고 성경에 기록해 놓지 않았니?"

"소금은 녹아야 맛을 낸다."

"소금이 녹을 때는 네가 녹으려고 노력해서 녹아지는 것이 아니고, 내가 녹아지게 하는 거야."

"세상에 갈 때도 내가 너를 인도할 거야."라고 하셨다.

나는 기도했다.

"주님, 저에게 주님 뜻에 순종할 수 있는 힘을 주시옵소서."

나는 세상에 가서 빛이 되고 소금이 되도록 주님이 쓰실 줄 믿고
감사했다.

너는 무엇을 갖기를 원하니

주님은 오늘도 말씀하셨다.

"너는 무엇을 갖기를 원하니?"

"너는 무엇을 알기를 원하니?"

갑작스런 질문에 대답을 하지 못했다.

내 마음 속으로는 돈이 필요하다고 할까, 솔로몬처럼 지혜를 달라
고 할까하고 망설였다.

주님은 말씀하셨다.

"예수 그리스도가 네 보배가 되어야 한다."

"예수그리스도를 갖기를 원하라"고 하셨다.

그리고 또 말씀하셨다.

"하나님 아버지 알기를 원하라"고 말씀하셨다.

나는 주님의 말씀을 듣는 순간 내 자신이 초라해 보였다.

주님의 생각과 내 생각이 다르다는 것을 깨달았다.

나는 세상 것을 알고, 세상 것을 갖기를 원하지만 주님은 예수 그
리스도를 갖기를 원하셨다.

하나님 아버지의 사랑을 알기를 원하셨다.

주님의 뜻을 알게 해 주시니 감사합니다.

너는 새것이다

오늘은 내 생애 가장 기쁜 날이었다.

예수님께서 십자가에서 죽으셨을 때 아담의 후손으로 태어난 옛사람인 나도 같이 죽고, 예수님께서 장사되셨던 날 옛사람인 나도 같이 장사되고, 예수님께서 살아나셨을 때 나도 다시 새 사람으로 태어났단다.

나는 새것이 되었다.

나는 새사람, 하나님 아버지의 자녀다.

영으로 다시 태어난 하나님 아버지의 자녀다.

내 안에 계신 주님이 나에게 하나님 아버지의 자녀라고 하셨다.

내 안에 계신 주님이 매우 기뻐하셨다.

나를 사랑한다고 하셨다.

주님은 나를 먹이고, 입혀 주시겠다고 약속하셨다.

주님의 약속을 기다리며 산다.

주님은 나를 사랑한다

오늘도 내안에 계신 주님은 나를 사랑한다고 하셨다.

나를 귀하게 여기시고, 보배로 여기신다고 하셨다.

주님의 음성을 듣고 기도했다.

주님, 나도 주님을 더욱 사랑하며,

주님을 귀한 보배로 여길 수 있도록 도와주세요.

아버지의 사랑을 더 깊이 알고,

아버지의 사랑을 더 깊이 경험하여서

주님을 더 사랑하고 싶습니다.

주여, 연약한 나를 도우소서.

주님을 더 사랑 할 수 있도록 도우소서.

감사합니다.

내가 너를 가르치고 있다

주님이 말씀하셨다.

"내가 너를 가르치고 있다."

"하나님 아버지의 사랑을 보고 느끼고 경험하여서 내가 하나님 아버지를 사랑 할 수 있도록 내가 가르치고 있다."

주님이 말씀하셨다.

"나는 너를 너무도 잘 알기에 하나님 아버지의 사랑을 경험할 수 있도록 오늘도 가르치고 있다."

　나를 인도하시는 주님께 감사드린다.

너 지금 뭐하고 있니

혼자서 점심을 먹게 되었다.

아무 생각 없이 밥을 먹고 있는데 내 안에 계신 주님이 말씀하셨다.

"강선아, 너 지금 뭐하고 있니?"

"밥 먹고 있는데요."

"네 안에 내가 있으니까 나만 바라보고 감사하면서 먹어야 내가 기쁘지?"

"너 혼자 먹고 있으면 쳐 먹는 거야."

"주님, 미안해요."

주님의 음성을 듣고 몸 둘 바를 모르겠다.

깨닫게 하신 주님 감사합니다.

똑바로 주님 보게 해 주세요.

너는 왜 거지처럼 살려고 하느냐

부자와 거지에 대해서 말씀해 주셨다.

"아버지는 부자인데, 하나님 아버지 자녀인 너는 왜 거지처럼 살려고 하느냐?"

"너는 왜 나를 초라하게 만드느냐?"

내가 가지고 있는 근심, 걱정, 염려 모두 주님께서 기뻐하지 않으시는 것을 깨닫게 되었다.

감사합니다. 주님!

나만 바라보아라

오늘도 주님이 말씀하셨다.

"네 옆에 돌부리가 있는데 나를 바라보지 않으면 돌부리에 걸려서 넘어진다."

"넘어지면 피가 나고 아프지?"

"네가 아파서 울면 내 마음은 찢어진다."

"그러니 너는 나만 바라보아라!"

내가 주님 품안에 있어야 넘어지지 않는다는 것을 깨달았다.

울지마라 강선아

내가 상처받고 울고 있으니까 주님께서 위로해주셨다.

"네가 울면 내 가슴이 찢어진다."

"울지마라 강선아!"

위로해 주시는 주님 감사합니다.

생명의 주!

능력의 주!

사랑의 주!

구원의 주!

평화의 주!

주님께서 나와 함께 하고 있으니 주님만 바라보라고 하셨다.

지혜가 돈벼락이다

길을 걷다가 주님을 바라보는데 웃으시면서 말씀하셨다.

"내 딸이 돈벼락 맞았네."

그 말씀 듣는 순간 내 아들과 딸이 돈을 많이 벌어 우리가 부자가 되는 것인가 생각했다.

주님은 나에게 물으셨다.

"돈벼락이 무엇인지 아느냐?"

나는 무엇이 돈벼락인지 말씀해 달라고 했다.

"강선아! 지혜가 돈벼락이 아니냐?"

하나님을 아는 지혜를 쏟아 부어 주셨다고 하신다.

내 지혜가 아닌 주님의 지혜로 충만케 하심을 감사드렸다.

주님, 어찌 나에게 이런 은혜를 주시나요?

주님! 고맙습니다.

말이 열매이다

청소를 하고 아침식사 하기 전 주님께 기도했다.

주님이 말씀하셨다.

"성령의 열매이신 주님이 네 안에 계시니까 너에게 성령의 열매가 주렁주렁 맺혀있다."

"그런데 원수마귀가 네 입을 통해 '없다, 없다'고 부정적인 말을 하면 열매가 떨어져서 정말 아무것도 없게 되는 거야."라고 말씀하셨다.

이제 부정적인 말은 하지 말아야겠다.

부정적인 말은 이제 끝!

돈을 사랑하는 것은 악이야

어느 집사님에게 전화가 왔다.

집사님은 자기 사업이 잘 되지 않아 친한 친구에게 인계를 하셨단다.

그런데 그 친구가 인수 받은 사업이 너무 잘된다고 자랑을 하는데 괜히 억울하고 분한 생각에 괴롭다고 하셨다.

나는 집사님의 전화를 받으면서 내 안에 계신 주님께 사정을 아뢰었다.

"저 분이 하는 이야기를 들으세요? 제가 저 분에게 무슨 말을 할 수 있겠습니까?"

성령님께 의탁하며 전화를 받고 있는데 내 속에서 성령님께서 말씀하셨다.

"세상을 사랑하고 돈을 사랑하면 롯의 아내처럼 영혼이 소금기둥이 되는 거야!"

"돈을 사랑하는 것은 악이야!"

그리고 또 말씀하셨다.

"복의 근원이 되신 주님이 내 안에 강림하셔서 주님의 부요로 살아야 진짜 부요야!"

주님! 주님의 부요가 내 부요가 되게 하신 주님께 감사, 또 감사드립니다.

주님의 생명으로 사는 것이 부활이다

부활!

"강선아, 죽어서 부활하는 것만 부활인줄 알지?"

"내 영혼이 허물과 죄로 죽었다가 다시 산 것도 부활이다."

아담! 즉, 죄의 후손이 주님의 자녀 된 것 감사합니다.

거듭난 것 감사합니다.

주님의 생명으로 살게 하신 것 감사합니다.

내가 네 쓰레기통이 되어줄게

오늘도 조용히 혼자서 주님께 기도했다.

"강선아! 너에게 오는 근심과 염려들 나한테 다 버려라. 버려! 버려! 버려! 버려!"

"내가 네 쓰레기통이 되어줄게."

주님이 내 쓰레기통이 되어 준다는 사랑의 음성을 듣고, 나는 울면서 주님께 마음을 아뢰었다.

"주님! 2000년 전에 벌써 주님이 내 쓰레기통이 되어 주셨잖아요. 왜! 주님이 내 쓰레기통이 되어 주셨을까요? 나를 사랑해서, 나를 주님의 행복으로 주님의 기쁨으로 주님의 평화로 살라고 그렇게 하셨죠?"

주님, 감사합니다. 감사합니다.

주님, 사랑합니다.

나는 목 놓아 한없이 울었다.

주님을 의뢰하지 않는 자가 교만한 자야

오늘은 1층 가계의 월세 받는 날이었다.

월세를 받고 세어보니 15만원이 나에게 더 들어왔다.

세입자가 착각했나보다.

다시 돌려주었는데, 또 헤아려보니 만원이 더 따라왔다.

또 다시 돌려주었다.

내 안에 주님이 계시니 바른 양심을 갖게 되었다.

"바른 양심을 주신 주님 감사합니다."

대전에서 청주에 돌아와 주님께 기도했다.

주님께서 나에게 물으셨다.

"강선아! 교만한 자를 물리치고 겸손한 자에게 은혜를 주신다는 말씀이 무슨 뜻인지 아느냐?"

주님이 말씀하셨다.

"내가 보는 교만은 세상 사람들이 보는 교만과 다르다."

"내가 교만한 자를 물리친다는 뜻은 나를 의뢰하지 않는 자는 나의 도움을 받지 못하게 된다는 뜻이야.”

“주님을 의뢰하지 않는 자가 교만한 자야.”

주님의 겸손으로 살게 하시니 감사하다. 할렐루야!

네 안에 내가 있다

저녁에 딸과 같이 쇼핑하고 집에 돌아와 주님께 기도했다.

기도중에 주님이 말씀하셨다.

“복의 근원인 내가 네 안에 강림했잖아.”

“그러니 너는 내가 준 복을 누리며 살고 있는 거야.”

“사랑하는 딸아! 내가 너와 함께 한 것 알고 있지?”

“내가 사랑하고 있는 거 알고 있지?”

“네 안에 내가 있어. 내가 너를 사랑해.”

“너는 내 새끼야! 너는 내 새끼!”

“나는 늘 네가 보고 싶었다. 늘 보고 싶어.”

“너는 부요한 자다. 너는 내 부요로 사는 내 딸이야.”

“사랑해 강선아. 내가 영원토록 너와 함께 하고 내가 너를 떠나지 않을 거다.”

나는 주님의 음성을 들으면서 벅찬 감격을 느꼈다.

“주님, 오늘도 잠잠히 사랑해 주신 주님께 감사합니다.”

부자가 부러워하는 것 봤냐?

"부러워하지 마라. 부자가 부러워하는 것 봤냐?"

"내가 너와 함께하고 있는데, 너는 부자야. 너는 부자야!"

"부러워하면 복이 달아나."

"사랑하는 내 딸아! 네 안에 내가있어."

"무엇이든지 원하는 것 다 내가 이루어 줄게."

"내 뜻대로 내가 이뤄줄게, 내 뜻대로."

"어디보자 내 새끼, 보고 싶고, 보고 싶고, 또 보고 싶은 내 새끼!"

"보면 볼수록 보고 싶은 내 새끼, 사랑한다!"

주님의 사랑의 음성을 듣고 감사하며 울었다.

어리석은 인생 살지 않게 해줄게

"강선아, 미워하지 마라!"

"원망하지마라!"

"미워하고 원망하는 것은 나를 미워하고 나를 원망하는 거야."

"내가 사람을 지었기 때문에 나를 원망 하는 거야."

"어리석은 인생 살지 않게 해줄게."

"강선아! 내가 너를 사랑한다, 내가 네 안에 있다."

"내가 너를 돌봐줘."

“내가 함께하고 있어.”

“내가 너를 이 땅에 보냈지.”

나는 주님께 감사의 기도를 드렸다.

“사랑하는 나의 아버지, 내가 주님을 사랑하며 살게해 주셔서 감사합니다.”

육체는 껍데기야

대전에 가서, 집회에 참석하고, 집에 돌아와 나는 주님께 기도했다.

주님께서 우시면서 말씀하셨다.

“영혼을 불쌍히 여기며 긍휼히 여기라!”

“영혼을 보게 해 달라고 기도하라!”

“껍데기는 육체, 육체 속에 있는 영혼을 불쌍히 여기라!”

주님이 슬퍼하셨다.

“나는 사랑이 아니냐? 나의 사랑으로 영혼을 위해서 기도하라!”

주님의 긍휼, 주님의 자비, 주님의 사랑으로 살도록 인도해 주시는 주님께 감사했다.

잠잠히 사랑하시는 주님

오늘은 토요일이라 딸이 한 시에 퇴근하는 날이다.

딸이 퇴근하기 전에, 조용히 나 혼자 있는 시간에 주님과 교제하고 싶어서 주님께 기도했다.

수요일 예배시간에 읽었던 성경구절을 묵상했다.

"너의 하나님 여호와가 너의 가운데 계시니 그는 구원을 베푸실 전능자시라 그가 너로 인하여 기쁨을 이기지 못하시며 너를 잠잠히 사랑하시며 너로 인하여 즐거이 부르며 기뻐하시리라 하리라." (습 3:17)

'주님이 우리를 잠잠히 사랑하셨다.'

나는 '잠잠히 사랑하셨다는 것이 나를 어떻게 사랑하시는 것'인지 주님께 물어보았다.

주님은 '잠잠히'에 대하여 말씀해 주셨다.

"내가 너를 24시간 바라보고 있다는 것이란다."

"사랑하기 때문이야."

고마우신 나의 주님 나도 주님을 사랑하기 때문에 나도 주님을 바라봅니다.

나는 계속 기도하며 주님과 교제를 하였다.

주님은 전도에 대해서 말씀하셨다.

"'전도'라는 글자에서 '도'자가 무엇인지 아느냐?"

"'도'는 내가 곧 '도'야"

전도는 예수님을 전하여 생명을 얻게 하는 것인데, 생명에는 관계 없이 교회에 자리만 채우는 것을 슬퍼하셨다.

성령의 열매에 대해서 말씀해 주셨다.

성경에 기록된 말씀처럼 "열매 맺지 않은 나무는 찍어서 불에 태워 버린다."는 말씀을 하셨다.

나를 통해서 성령의 열매가 주렁주렁, 주님의 열매를 맺는 삶을 살게 해 주시는 주님께 감사했다. 성령의 열매인 사랑, 희락, 화평, 오래 참음, 자비, 양선, 충성, 온유, 절제의 열매가 나의 삶에 주렁주렁 맺게 해 주셔서 주님 감사해요.

예수님 자신이 참이란다

성경을 읽다가 너무 기뻐서, 주님께 기도했다.

주님은 나에게 "참으로 자유케 하리라는 말씀 중에 참이라는 말이 무슨 뜻인지 아느냐?"고 물으신다.

참이라는 뜻은 예수님이 참이란다.

"강선아! 내가 참이 아니냐!" 라고 하시면서 나에게 "참으로 자유케 해 주신다"고 약속해 주셨다.

주님은 "참으로 자유케 되면 어떻게 되는지 아느냐?"고 물으셨다.

그리고 말씀하셨다.

"배에서 생수의 강이 흘러서 넘쳐나게 된단다."

"생수는 내가 곧 생수야."

생수의 강이 흘러 넘쳐 나리라.

사랑이 넘쳐나리라.

찬송이 넘쳐나리라.

온유가 넘쳐나리라.

겸손이 넘쳐나리라.

기쁨이 넘쳐나리라.

인내가 넘쳐나리라.

절제가 넘쳐나리라.

성령의 열매를 말씀하시면서, 생수가 넘쳐흘러 강이 되어서 바다로 흐름같이 흘러 넘쳐난다고 말씀하셨다.

어제보다 오늘이, 오늘보다 내일이 시간이 흐를수록 더 충만한 삶을 살도록 연약한 나를 주님이 길러주시며 돌보아 주시는 주님의 사랑이 고맙고 감사했다.

기도 중에 성령님의 나타나심이 강하게 느껴졌다.

주님! 나도 주님 사랑해요.

주님 행복해요

창밖을 보니 하얀 눈이 펑펑 내린다.

하늘에서 내리는 눈으로 나무, 길 모두가 새하얗게 되었다.

눈에 덮인 정경을 보고, 기뻐서 영찬양이 나왔다.

큰소리로 내 속에서 터져 나왔다.

주님도 기뻐하셨다.

방언으로 찬양하며 기도했다.

"눈이 내리네. 눈이 내리네."

"제가 주님을 사랑해요."

"사랑, 사랑 내 사랑, 아버지 사랑해요."

"사랑, 사랑 내 사랑 아버지 사랑해요."

"기뻐요, 좋아요, 행복해요!"

저는 빛의 자녀래요

오늘도 어제처럼 하얀 눈이 펑펑 내리고 있었다.

창문을 활짝 열고, 창가에 서서 내 몸과 마음을 다해 주님께 영찬양이 터져 나왔다.

날씨가 너무 추워 외출도 할 수 없어, 주님만 바라보면서 즐겁게 일을 하며 주님과 대화를 나누었다.

어디서 힘이 오는지, 힘이 드는 줄도 모르고, 구석구석 깨끗이 청소하니 상쾌했다.

다시 저녁 식사 후 조용히 주님과 교제했다.

빛의 자녀에 대해서 말씀해 주셨다.

"빛이신 주님이 내 안에 계시니 나는 빛의 자녀"라고 하셨다.

나는 빛의 자녀이며, 나는 빛으로, 내가 가는 곳에는 빛이 가는 것이다.

빛이 있으면 어둠이 물러 갈 수밖에…….

주님은 빛에 대해서 말씀해 주시면서, 매우 기뻐하셨다.

주님이 기뻐하시니, 나도 기뻤다.

나는 행복한 사람이다.

Oh, Happy day.

꿀떡 먹여줄게

며칠 동안 너무 추워서 외출도 못하고 주님과만 교제했다.

내 영혼이 주님께 배가 고프다고 밥 좀 달라고 했다.

주님이 "꿀떡 먹여줄게"라고 하셨다.

"너 꿀떡이 무엇인지 아느냐?"고 물으셨다.

"꿀떡은 말씀이야."라고 하시면서, "성경말씀이 꿀같이 달다고 하지 않았니?"

"성경을 읽어야 한다."고 하셨다.

내 영혼이 꿀떡을 먹는 것이란다.

나는 기쁘다.

주님이 내 생활 모든 것을 알아서 돌보아 주시니 감사했다.

어서 꿀떡 먹어야지. 내 영혼이 배고프지 않도록…….

꿀떡을 먹듯이 큰소리로 성경을 읽고, 주님과 많은 시간을 교제하니 더 기뻤다.

저녁 늦게 아들이 서울에서 내려와 반가웠다.

5일 동안 아들과 같이 지내게 되어 좋았다.

"주님! 오늘도 주님과 함께 살았지요? 사랑해요. 많이많이."

세상을 이기신 주님이 내 안에 계시니 나는 승리다.

강선이는 승리다. 야호!

오늘은 내 귀가 열린 날

오늘은 내 귀가 열린 날.

주님께 기도했다.

"내 영이 주님을 똑바로 보게 해 주세요."

"곁눈질 하지 않게 해주세요."

"저는 가끔 곁눈질 할 때가 있습니다."

주님이 말씀하셨다.

"자식이 부모에게 이야기 할 때, 다른데 쳐다보면서 이야기하면 너 기분이 좋겠느냐?"고 물으신다.

"나도 네가 이야기 할 때 똑바로 보면서 이야기해야 좋단다."

깨닫게 해 주신 주님께 감사했다.

계속 기도했다.

주님이 나에게 영적인 귀머거리에 대하여 말씀하시면서 내가 귀머거리라고 하셨다.

말 할 줄도 알고, 볼 줄도 아는데 귀머거리라고 하시면서 귀를 열어 주시겠다고 하셨다.

성령님의 나타나심이 강하면서 내 양손바닥에 전류가 강하게 흘렀다.

"주님! 내 손바닥이 왜 이래요?"

주님이 내 검지손가락을 귀에다 대게 하시면서 "에바다 에바다!"하셨다.

'열리라는 뜻' 이란다.

몇 분 동안 계속 주님이 "에바다 에바다!"하시니 내 귀가 열렸다.

주님께서 내 귀가 열렸다고 말씀하셨다.

나는 오늘에서야 내가 영적인 귀머거리라는 것을 알게 되었다.

기도를 끝내고 내가 경험한 것을 노트에다 기록하는 그 시간에도 계속 내 양손에는 전류가 흐르고 있었다.

신기했다.

"주님! 나를 사랑해 주시고, 길러주시는 주님, 따봉!"

어찌 나에게 이런 행운이!

내 영혼이 외롭고 슬프다

모든 일을 마치고, 조용히 혼자 앉아 주님께 기도했다.

내 영혼이 '외롭고 슬프다' 고 하면서 운다.

왜 슬퍼 우는지 주님이 우는 내 모습을 보고 위로해 주셨다.

'계절로 하면 여름' 이라고 하셨다.

‘날씨가 너무 더워 밖에 나가면 고생’이라고 하셨다.

‘조금만 참고 기다리면 봄이 온다’고 하셨다.

‘봄이 오면 밖에 나가 마음껏 놀라’고 하셨다.

지금은 주님이 오래참고, 견디는 훈련을 나에게 시키신다.

아무도 찾아주지 않는 이 산중에 혼자서 주님만 바라보게 하는 훈련의 과정을 주신 것이다.

하루도 아니고 이틀도 아니고 일 년이 지났다.

언제까지 주님이 절제와 인내의 훈련을 시키실는지?

‘봄이 올 때까지’라고 하시니 기다리자.

오늘도 봄이 올 때까지, 내일도 봄이 올 때까지 기다리자.

주님 사랑해요! 하늘만큼 땅만큼!

나를 떠나서는 아무것도 할 수 없다

오늘 하루 주님의 기쁨으로 하루를 즐겁게 보내고 저녁에 주님과 교제했다.

“강선아, 너는 나를 떠나서는 아무것도 할 수 없다”고 말씀을 하시면서 주님만 바라보라고 하셨다.

나는 다른 사람들 보다 겁이 많다.

주님께 내 모습을 그대로 드렸더니 “내 품안에 있으면 겁과 두려움이 없어진다.”하시면서 주님만 바라보라고 하셨다.

내 속에서 솟아오르는 기쁨, 주님의 기쁨!

내 속의 참된 평화, 주님의 평화!

이렇게 연약하고 초라한 나를 주님의 행복으로 살게 해 주시는 주님 고맙습니다.

가지가 나무에 붙어있기만 하면 된다

오늘도 혼자서 집안 청소와 이부자리를 깨끗이 빨고 목욕을 하려고 탕에 들어가다 미끄러져 넘어질 뻔하였는데 오른쪽 4번째 발가락이 겹 질러져 멍이 시퍼렇게 들고 부었다.

불편하지만 목욕을 간신히 마치고는 다친 발가락에 손을 얹고 '발가락아 미안하다 너 아프지? 그러나 괜찮아 주님이 네 고통 담당해 주셨잖아, 그래도 너는 행복이야.'라고 혼자 말을 했다. 그런 와중에도 주님께 감사했다.

조용히 다리를 펴고 주님께 기도했다.

주님이 오늘도 말씀하셨다.

"세상에서는 너를 사랑한다고 하는 남편도 자식도 부모도 형제도 친구도 언젠가는 너를 떠난다."

"그렇지만 네 안에 너와 함께 하시는 주님만은 절대로 너를 떠나지 않는다."

"왜냐하면 너를 피 값으로 사신 주님의 자녀이기 때문에 사랑하므로 내가 너를 돌봐주고 가르쳐 주고 길러 주고, 내가 너에게 다 해줄게."

"그러니 너는 나만 바라 보거라!"

"가지가 포도나무에 붙어 있기만 하면 된다."

"열매는 내가 맺게 해 줄테니까."

오늘도 주님은 나에게 말씀하셨다.

"너는 나만 바라봐!"

어찌 나에게 이런 축복을, 행복을, 기쁨을…….

영원토록 주님 사랑해요!

주님 나는 이래요

조용한 집에 어제는 서울에서 딸 친구 3명이 내려와 자고 오늘 아침에 떠났다.

내 딸처럼 사랑스럽고 반가웠다.

오늘은 날씨가 너무 화창했다.

나도 모르게 혼자서 볼일도 없으면서 꽃밭에서 서성대고 맑은 공기와 햇볕을 쪼이고 싶어서 집 주변을 맴돌다가 집에 들어와 주님께 내 마음을 열었다.

"주님, 너무 심심해요, 너무 외롭습니다."

조금 있으니까 대전에 계신 사모님이 목사님과 함께 오시겠다는 매우 반가운 전화가 왔다.

조금 있으니까 다른 목사님이, 조금 있으니까 또 다른 목사님이, 또 다른 목사님이 계속해서 전화가 왔다. 나에게는 모두 다 반가운

분들이시다.

시간을 보니 목사님 부부가 청주에 오시려면 오후 3시가 다 되어서야 도착하실 것 같아 나는 주님께 이렇게 속삭였다.

"주님, 내일 오셨으면 좋겠습니다. 내일은 딸아이가 야근이라 목사님 부부와 많은 시간을 교제 할 수가 있습니다."

그런데 이게 웬일인가?

목사님 부부가 오시는 도중에 차가 고장이 나서 정비소에 가게 되었다고 했다. 참 신기했다.

주님이 내 마음을 아시고 내일 오게 하시려나 보다.

또 서울 집을 빼 달라고 부탁드린 지가 4개월이 지났는데 아무 소식이 없었다.

궁금해서 주인께 전화를 드렸더니 화를 내셨다.

주인아저씨의 짜증이 안쓰럽다.

전화를 끝내고 주님께 아뢰니 "염려하지 말아라! 내가 이사하게 해줄게!"라고 하셨다.

"내가 돌보아 줄게."

주님께서 하신 약속을 기다리지 못하고 내가 성급하게 전화한 것 같아 "주님 나는 이래요"라고 연약한 나의 모습을 드리면서 기도했다.

주님이 말씀 하셨다.

"네 마음의 소원이 무엇인지 다 안다. 다 들어주리라."

"참으로 자유케 하는 내가 너와 함께하여 참으로 자유케 하리라."

"나만 바라보아라!"

나를 자유케 하시는 주님이 나를 사랑하신단다.

나를 돌보아 주신단다.

가르쳐 주신단다.

길러 주신단다.

인도해 주신단다.

예수님이 내 보배인데 보배 되신 예수님으로 기뻐 할 수 있게 해 주신단다.

주님! 나는 주님을 떠나서는 아무것도 할 수 없습니다.

주님! 나는 아무것도 가진 것이 없습니다.

주님이 나의 모든 것 되십니다.

나를 사랑해 주시는 주님을 사랑합니다.

나를 돌보아 주시는 주님을 사랑합니다. 영원토록요.

너는 내 새끼

오늘은 사랑의 모임이 있는 날.

교회에서 기도 모임이 있었다.

아침부터 준비하고 대전을 가면서도 주님을 의지하고 대화하며 행동은 바쁘게 그러나 마음은 평안하게 움직였다.

내 영은 주님께 "능력의 주님, 사랑의 주님이 내안에 계셔서 감사합니다.”라고 기도했다.

주님은 내 감사에 행복해 하시며 “너는 내 새끼, 너는 내 새끼!”라고 하셨다.

사랑의 아버지께 내 영은 ‘행복하다’고 했다.

기도실에서 방언으로 기도를 하는데 주님이 내 안에서 말씀하셨다.

“내가 너를 의로운 오른손으로 붙잡고 있다. 악한 자가 만지지도 못한다.”

주님의 사랑의 음성을 듣고 너무 기쁘고 감격이 되어 하염없이 목 놓아 울었다.

내 영은 하얀 눈처럼 맑고 깨끗했다.

예수님이 비밀이다

주님께서 말씀하셨다.

“너는 내게 부르짖어라 내가 네게 응답하겠고 네가 알지 못하는 크고 비밀한 일을 네게 보이리라. 성경에 기록된 이 말씀에 크고 비밀한 일이 무슨 뜻인지 아느냐?”고 물으셨다,

주님의 음성을 듣고 속으로 나는 크고 비밀한 일이란 다른 사람이 모르는 것을 알아맞히는 것이 비밀한 일인 줄로 생각했다.

그렇지만 나는 주님께 ‘무슨 뜻인지 모르겠는데요?’라고 대답하자 주님은 “내가 비밀이 아니냐!”고 말씀하시면서 예수님을 알게 해 주

신다고 하셨다.

예수님이 비밀이라고 하셨다.

내 생각과 주님의 생각은 너무도 달랐다.

하늘이 너의 마음에 있지 않니?

"온유한 자는 땅을 기업으로 받는다고 했는데 땅을 기업으로 받는다는 것이 무슨 뜻인 줄 아니?"

"온유한 자는 땅을 기업으로 받는다고 하니까 땅 부자가 되는 줄 알았지?"

"강선아! 땅이 하늘이 아니냐!"

주님께서 웃으시며 말씀하셨다.

"또 하늘이라고 하니까 높은 곳에 하늘이 있는 줄 알았지?"

"하늘이 너의 마음에 있지 않니?"

정말 주님께서 나를 가르치심에 놀랍고 감사했다.

온유한 자는 마음에 하늘나라가 이루어진다는 말씀을 깨닫게 해 주셨다.

'어찌 이런 은혜를 주시는지요?'

주님, 가르쳐 주셔서 고맙습니다.

주님, 깨닫게 해 주셔서 감사합니다.

네가 더 부자다

내가 알고 있는 어느 사장님이 자기는 이 세상에 태어나서 하고 싶은 것 다 해보고 누려보고 남에게 존경 받고 대접받고 다 해보아서 지금 죽어도 여한이 없다고 자랑을 했다.

나는 그 말을 듣고 부러웠다.

"하나님 아버지! 저분과 같이 사는 부인이 부럽습니다. 세계로 같이 다니면서 온갖 좋은 음식도 다 먹고, 가고 싶은 곳 같이 다니면서 구경도 하고 가는 곳마다 사람들에게 존경 받고 대우받아 좋겠네요?"

잠시 부러워하다가 잊어 버렸다.

한 달 뒤 그 분의 아내로부터 전화가 왔다.

안부를 묻고 여러 가지 문제로 통화를 하는데 갑자기 내 몸이 추워지면서 덜덜 떨려왔다. 입도 떨려서 이야기를 계속 하기가 어려웠다.

20분 정도 간신히 통화를 하였다.

통화를 마친 후에 방구석에 쪼그리고 벽에 기대어 와들와들 떨고 있는 내 모습을 발견하고는 주님께 물었다.

"하나님 아버지 내 몸이 왜 이렇게 떨리지요?"

"어떻게 해요? 왜 이래요?"

주님께 질문을 하자 내 안에 계신 성령님께서 말씀을 하셨다.

"강선아! 그 사람의 영적상태가 겨울이다. 영이 꽁꽁 얼어붙어 있다"

"그런데 너 그 사람 부러워했잖아? 그게 부럽니?"

"너는 정말 부요한 자야. 네가 더 부자다 강선아!"

주님은 믿음의 부요를 말씀하셨다.

얼마 전 잠시 부러워했었던 생각이 떠오른다.

그 때 잠시 부러워서 주님께 아뢰고 나는 잊고 있었는데 주님은 잊어버리지 않으시고 기억하고 계시면서 내 마음을 위로해 주셨다.

내 마음을 아시고 위로해 주려고 체험시킨 것이었다.

"고맙습니다, 주님! 이제 다시는 부러워하지 않겠습니다."

맺는 말

4년 전부터 간증 문을 써야겠다는 감동을 받았지만 자신이 없었다.

문학에 소질도 없으며 글 쓰는 재주가 없어서다.

시중에 있는 서점에 가면 홍수처럼 쏟아져 나온 책들이 많이 있는데 나까지 책을 써서 세상에 내 놓아야 되는지 용기가 생기질 않았다. 내 속에서 책을 내야하는 부담이 생기면서도 4년의 세월을 보냈다.

주님께 나의 마음을 아뢰었다.

"책까지 내는 것은 못하겠습니다. 나 같은 것이 무슨 책을 말도 안 됩니다. 안 쓰겠습니다."

나는 주님 앞에서 계속 거부하였는데 주님께서 나에게 말씀하셨다.

"너는 나를 증거 해라. 낱낱이 자세히 써라!"

주님을 만나 교제한 지 11년이 되었다. 6년이 넘어 하나님 아버지의 사랑을 내 마음에 쏟아 부어 주셨고, 말씀을 가르쳐 주시고 주님의 인격으로 다듬어 가시면서 평신도인 내가 사역자로 쓰임 받은 지 이제 4년 6개월이 되었다.

복음은 성령님과의 삶이다.

그리스도인 모두가 주님과 교제하며 주님의 인격으로 다듬어져서 성령님의 인도를 받아 성령님의 능력과 나타나심으로 복음을 전해야 되지 않겠는가? 주님은 우리 모두를 사랑하며 교제하기를 원하신다.

문제는 나다.

내가 주님을 바라보지 않기 때문에 돌보심을 받을 수가 없는 것이었다.

주님을 잊어버리고 살기 때문에 실패한 그리스도인이 되는 것이었다.

이제부터라도 결단하시기 바란다.

내 안에 계신 주님께 마음을 돌이키자.

"믿음의 주요 온전케 하시는 예수를 바라보자"(히 12:2)

사역자가 된 나에게 오늘도 주님은 말씀하신다.

"나를 증거해 주어서 고맙다. 나를 자랑해 주어서 고맙다. 나를 나타내 주어서 고맙다. 나는 네가 너무 좋다."

내 속에서 고맙다고만 하시는 주님이 나 같은 것을 쓰시니 감사할 뿐이다.

어찌 나에게 이런 은혜를, 어찌 나에게 이런 사랑을!

해가 거듭 할수록 돌보시고, 인도하시고 역사하시는 주님이 나는 기대가 된다. 오늘도 내 안에 계신 주님은 말씀하신다.

"내가 어떻게 역사하고 어떻게 나타나는지 너는 두고만 봐라. 내가 영광 받고 있다."

남에게 실수도 잘하고 허물도 많고 부족한 나를 왜 주님께서 쓰시면서 "고맙다! 기쁘다!"고 칭찬 하시는 것은 내가 사랑이 없기에 사랑 많으신 주님을 의지하기 때문이며, 능력이 없으므로 능력이 많으신 주님을 의지하기 때문이고, 온유 겸손하지 못하므로 온유 겸손한 주님을 의지하기 때문이라고 나는 믿는다.

이렇듯 주님을 의지하는 믿음을 보시고 기뻐하시는 것이다.

내 안에 계신 주님께 마음을 돌이키자! 의지하자! 바라보자!

우리 모두가 하나님 아버지를 바로 알고, 예수 그리스도를 바로 믿고, 성령님의 도움을 받아 영육 간에 복을 받아 누리며 살자!

임마누엘
성령님이 이끄는 삶

개정판1쇄 2013년 10월 31일
개정판2쇄 2013년 11월 15일

지은이 ● 백강선
발행인 ● 채주희
발행처 ● 엘맨
등록 ● 제10-1562호(1985.10.29)
주소 ● 서울시 마포구 신수동 448-6
전화 ● (02) 323-4060
팩스 ● (02) 323-6416
E-mail ● elman1985@hanmail.net

값 13,800원